中华人民共和国
反洗钱法
新旧条文对照 与 适用精解

朱晓峰 编著

条文对照 / 逐条解读 / 关联指引

中国法治出版社
CHINA LEGAL PUBLISHING HOUSE

序　言

2024年11月8日第十四届全国人大常委会第十二次会议表决通过了新修订的《中华人民共和国反洗钱法》[1]，自2025年1月1日起施行。这是对《反洗钱法》第一次重大且全面的修订。

本次《反洗钱法》的修订幅度较大。修订前的《中华人民共和国反洗钱法》[2]有37个条文，修订后增加到65条。在新《反洗钱法》的65个条文中，只有5个条文是从2006年《反洗钱法》平移过来或细微修改而来，其余60个条文要么有较大程度修改，要么属于重要新增条文。

这次《反洗钱法》修订主要有以下六个方面的特点：

一是全面贯彻总体国家安全观。2024年《反洗钱法》坚持总体国家安全观，统筹发展和安全，维护国家利益以及我国公民、法人及其他组织的合法权益。例如，新增维护国家安全的立法目的（第一条），强调预防恐怖主义融资活动适用本法（第二条第二款），坚持总体国家安全观（第三条），要求保护国家秘密（第七条第四款），在反洗钱领域贯彻和体现国家主权原则（第十二条）等。

二是强调风险为本。2024年《反洗钱法》引入风险为本的理念，要求建立健全洗钱风险管理体系以及健全监测分析体系，提高反洗钱工作的针对性和有效性，更好地发挥反洗钱工作在防范化解金融风险中的作用。例如，新增国家与行业层面的洗钱风险评估、发布洗钱风险指引（第二十三条），建立严重洗钱风险的国家或地区的名单机制（第二十四条），鼓励设立反洗钱自律组织及自律管理（第二十五条），金融机构建立健全反洗钱内部控制制度（第二十七条）、客户尽职调查制度（第二十八条）、开展客户尽职调查（第二十九条）、持续关注客户洗钱风险（第三十条）、识别并核实代理人和受益人身份（第三十一条），新增反洗钱特别预防措

---

[1] 以下一般称2024年《反洗钱法》。
[2] 以下一般称2006年《反洗钱法》。

施名单和特别预防措施（第四十条）等。

三是强调全面性。2024年《反洗钱法》扩大了反洗钱义务主体和监管主体范围，健全反洗钱监管体制机制。例如，明确监察机关配合反洗钱工作的职责（第五条），规定特定非金融机构主管部门反洗钱职责（第十五条），新增反洗钱尽职调查制度（第二十八条），将特定非金融机构纳入反洗钱监管体系（第四十二条）等。

四是重视精准化。2024年《反洗钱法》是贯彻落实党的二十大、二十届三中全会关于加强金融法治建设、完善涉外领域立法相关要求的具体举措。例如，设立受益所有人信息管理制度（第十九条），细化反洗钱行政主管部门监督管理职责（第二十一条）和监督检查措施（第二十二条），完善可疑交易报告机制（第三十五条），建立健全反洗钱内部控制制度（第二十七条），新增异议处理机制（第三十九条）等。

五是体现数字化。2024年《反洗钱法》顺应金融科技发展趋势，扩大反洗钱监管范围，规范新型支付工具和互联网金融业务的反洗钱义务，强化数字化监管手段的运用，体现了与时俱进的特点。例如，将无记名支付凭证纳入监管范围（第十八条），金融机构要重视金融领域内新技术、新产品、新业务等洗钱风险（第三十六条）。这对于维护金融安全，健全国家金融风险防控体系具有重要意义。

六是强调国际化。2024年《反洗钱法》充分借鉴国际经验，新增了受益所有人等制度，及时接轨最新反洗钱国际标准，彰显了我国参与全球反洗钱治理的决心，如开展反洗钱国际合作（第四十七条），加强"特定非金融机构"洗钱风险管理，完善反洗钱体系，提升国际合规水平，对扩大我国金融高水平双向开放，提高参与国际金融治理能力具有重要意义。

为了更好地帮助读者理解和适用2024年《反洗钱法》，本书采用逐条注释的方式，对法律条文进行了详细解读。本书具有以下特点：

1. 新旧对照。采用对照表的形式，将重要修改内容用黑体字标注，便于读者快速把握修法要点。

2. 逐条解读。条文解读精炼、突出重点，兼顾理论性与实务性，有效帮助理解法条并指导新法适用。

3. 体系完整。涵盖反洗钱相关配套规定，在对照表中标注相关法律法规索引，构建完整的反洗钱法律规范体系。

本书可作为金融机构合规人员、监管部门工作人员、法律从业者以及相关研究人员的重要参考资料。衷心希望本书能够为读者理解和适用 2024 年《反洗钱法》提供有益帮助。最后要感谢我的博士生徐涵渊、周春明和硕士生林睿尧、雷思棋、罗文江麒、龙时佳，正是得益于他们出色的资料分析整理及细致的文字校对，才能使本书以较快的速度和读者见面。

朱晓峰
2025 年 2 月 25 日

目　录

《中华人民共和国反洗钱法》新旧条文对照与适用精解 …………… 001

中华人民共和国反洗钱法 ……………………………………… 060

金融机构反洗钱和反恐怖融资监督管理办法 ………………… 074

银行业金融机构反洗钱和反恐怖融资管理办法 ……………… 084

金融机构大额交易和可疑交易报告管理办法 ………………… 093

受益所有人信息管理办法 ……………………………………… 099

国务院办公厅关于完善反洗钱、反恐怖融资、反逃税监管

　体制机制的意见 …………………………………………… 102

中国人民银行办公厅关于加强特定非金融机构反洗钱监管

　工作的通知 ………………………………………………… 110

《中华人民共和国反洗钱法》
新旧条文对照与适用精解

(条文中的重要修改之处用黑体字凸显)

2024 年《反洗钱法》	2006 年《反洗钱法》	适用精解
第一章 总 则	第一章 总 则	
第一条 【立法目的】①为了预防洗钱活动，**遏制洗钱以及相关犯罪，加强和规范反洗钱工作**，维护金融秩序、**社会公共利益和国家安全，根据宪法**，制定本法。	第一条 为了预防洗钱活动，维护金融秩序，遏制洗钱犯罪及相关犯罪，制定本法。	本条由 2006 年《反洗钱法》第一条修改而来。 本条规定的是《反洗钱法》的目的。 本条在内容上作了修改：一是将预防与遏制并列；二是增加对国家安全的保护，是总体国家安全观在反洗钱领域的体现。 修订后的《反洗钱法》的目的有二：一是预防和遏制洗钱、恐怖主义融资及相关违法犯罪活动；二是维护国家安全和金融秩序。
第二条 【反洗钱定义】本法所称反洗钱，是指为了预防通过各种方式掩饰、隐瞒毒品犯罪、黑社会性质的组织犯罪、恐怖活动犯罪、走私犯罪、贪污贿赂犯罪、破坏金融管理秩序犯罪、金融诈骗犯罪**和其他犯罪所得及其收益的来源、性质的洗钱活动**，依照本法规定采取相关措施的行为。 **预防恐怖主义融资活动适用本法；其他法律另有规定的，适用其规定。**	第二条 本法所称反洗钱，是指为了预防通过各种方式掩饰、隐瞒毒品犯罪、黑社会性质的组织犯罪、恐怖活动犯罪、走私犯罪、贪污贿赂犯罪、破坏金融管理秩序犯罪、金融诈骗犯罪等犯罪所得及其收益的来源和性质的洗钱活动，依照本法规定采取相关措施的行为。 第三十六条 对涉嫌恐怖活动资金的监控适用本法；其他法律另有规定的，适用其规定。	本条由 2006 年《反洗钱法》第二条修改而来。 本条第一款是关于反洗钱概念的规定；第二款是关于预防和遏制恐怖主义融资活动法律适用的规定。 本条第一款对需要预防的洗钱活动采取概括式规定，相较于 2006 年《反洗钱法》的具体列举式规定，新规定增强了法律应对纷繁复杂的洗钱活动的能力。 本条第二款是新增规定，明确了本法是预防和遏制恐怖主义融资活动的一般性法律，其他法律另有规定的适用其规定，没有规定的则适用本法调整。

---

① 条旨为编者所加，仅供读者参考。

续表

2024年《反洗钱法》	2006年《反洗钱法》	适用精解
第三条 【反洗钱工作原则】反洗钱工作应当贯彻落实党和国家路线方针政策、决策部署，坚持总体国家安全观，完善监督管理体制机制，健全风险防控体系。		本条为2024年《反洗钱法》的重要新增条款。 本条是关于开展反洗钱工作所应遵循和坚持的基本立场和方向的规定，即：反洗钱工作应与党和国家路线方针政策相一致，在坚持总体国家安全观的基础上，完善监督管理体制机制，健全风险防控体系。 本条首次在制定法层面明确了反洗钱工作与总体国家安全观的关系。
第四条 【反洗钱工作要求】反洗钱工作应当依法进行，确保反洗钱措施与洗钱风险相适应，保障正常金融服务和资金流转顺利进行，维护单位和个人的合法权益。		本条为2024年《反洗钱法》重要新增条款。 本条确立了开展反洗钱工作所应遵循的合法性原则，这一原则要求本法第五条和第六条所指向的有关部门、机关和机构必须在法律规定的范围内展开工作。 在遵循合法性原则的基础上，反洗钱工作的目标有二：一是保障资金流转和金融服务正常进行；二是维护单位和个人的合法权益。
第五条 【监督管理体制】国务院反洗钱行政主管部门负责全国的反洗钱监督管理工作。国务院有关部门在各自的职责范围内履行反洗钱监督管理职责。 国务院反洗钱行政主管部门、国务院有关部门、**监察机关**和司法机关在反洗钱工作中应当相互配合。	第四条 国务院反洗钱行政主管部门负责全国的反洗钱监督管理工作。国务院有关部门、机构在各自的职责范围内履行反洗钱监督管理职责。 国务院反洗钱行政主管部门、国务院有关部门、机构和司法机关在反洗钱工作中应当相互配合。	本条由2006年《反洗钱法》第四条修改而来。 本条是对本法第四条的具体化，第一款规定了全国层面反洗钱监督管理工作的主管部门，第二款规定了在开展反洗钱工作中应当相互配合的国家有关部门。 本条第二款在内容上作了修改，新增了监察机关，进一步完善了反洗钱工作机制，为反洗钱工作的有序、体系展开提供了规范基础。

续表

2024年《反洗钱法》	2006年《反洗钱法》	适用精解
第六条 【反洗钱义务主体及义务】在中华人民共和国境内（以下简称境内）设立的金融机构和**依照本法**规定应当履行反洗钱义务的特定非金融机构，应当依法采取预防、监控措施，建立健全**反洗钱内部控制制度，履行客户尽职调查**、客户身份资料和交易记录保存、大额交易和可疑交易报告、**反洗钱特别预防措施等**反洗钱义务。	第三条 在中华人民共和国境内设立的金融机构和按照规定应当履行反洗钱义务的特定非金融机构，应当依法采取预防、监控措施，建立健全客户身份识别制度、客户身份资料和交易记录保存制度、大额交易和可疑交易报告制度，履行反洗钱义务。	本条由2006年《反洗钱法》第三条修改而来。 本条规定了履行反洗钱义务的主体及相应的义务内容。 义务主体主要包括我国境内设立的金融机构及应当履行反洗钱义务的特定非金融机构。 本条在内容上所作的修改主要包括：对反洗钱义务主体应当履行的义务内容作了进一步丰富，具体列举的义务新增了三项： 其一，建立健全反洗钱内部控制制度义务； 其二，履行客户尽职调查义务； 其三，采取反洗钱特别预防措施，这是我国制定法层面首次正式规定反洗钱特别预防措施，与金融机构当前执行的"名单筛查"管理要求并不完全一致，实践中应结合新法规定，完善相应的工作机制。 此外，在明确列举后本条又采用"等"这一概括式表述，表明反洗钱义务主体应当履行的义务不限于本条列举的类型，提高了本条应对复杂的反洗钱工作的能力。即：关于反洗钱义务主体应履行的反洗钱义务，旧法采用的单一列举式规定，而新法通过采取"列举+概括"式的规定，提升了法律的包容性和灵活性。 **相关法律法规：**《金融机构反洗钱和反恐怖融资监督管理办法》《中国人民银行办公厅关于加强特定非金融机构反洗钱监管工作的通知》。

2024年《反洗钱法》	2006年《反洗钱法》	适用精解
第七条 【反洗钱信息保护】对依法履行反洗钱职责或者义务获得的客户身份资料和交易信息、**反洗钱调查信息等反洗钱信息**，应当予以保密；非依法律规定，不得向任何单位和个人提供。 反洗钱行政主管部门和其他依法负有反洗钱监督管理职责的部门履行反洗钱职责获得的客户身份资料和交易信息，只能用于反洗钱**监督管理和行政调查工作**。 司法机关依照本法获得的客户身份资料和交易信息，只能用于反洗钱**相关刑事诉讼**。 **国家有关机关使用反洗钱信息应当依法保护国家秘密、商业秘密和个人隐私、个人信息。**	第五条 对依法履行反洗钱职责或者义务获得的客户身份资料和交易信息，应当予以保密；非依法律规定，不得向任何单位和个人提供。 反洗钱行政主管部门和其他依法负有反洗钱监督管理职责的部门、机构履行反洗钱职责获得的客户身份资料和交易信息，只能用于反洗钱行政调查。 司法机关依照本法获得的客户身份资料和交易信息，只能用于反洗钱刑事诉讼。	本条由2006年《反洗钱法》第五条修改而来。 本条规定了对客户身份资料、交易信息等的用途与保护。 第一款规定的是特定主体对其依法履行反洗钱职责和义务过程中所获取的反洗钱信息负有保密的义务。 第二款及第三款规定的是反洗钱行政机关及司法机关对履行反洗钱职责过程中获取的关于客户的个人信息的用途限制，即只能用于反洗钱的监督管理和行政调查工作，不能用作他途，否则即构成违法。 第四款规定的是其他国家有关机关使用反洗钱信息时负有的保护性义务，即：应当保护国家利益、企业和个人的合法利益免责侵害。 第四款为本次修订新增，构成前三款的补充性、兜底性规定。如此，相较于旧法，本条能够涵盖更多可能的情形，从而能在反洗钱工作领域更好地保护国家秘密、商业秘密、个人隐私和个人信息。 相关法律法规：《民法典》[①]《个人信息保护法》。
第八条 【**履职行为受法律保护**】履行反洗钱义务的机构及其工作人员依法**开展**提交大额交易和可疑交易报告**等工作**，受法律保护。	第六条 履行反洗钱义务的机构及其工作人员依法提交大额交易和可疑交易报告，受法律保护。	本条由2006年《反洗钱法》第六条修改而来。 本条规定了反洗钱义务主体关于提交大额交易与可疑交易报告受法律保护的制度。 相较于2006年《反洗钱法》，本条增加了概括性表述"等"，增强了法律对履行反洗钱义务的机构及其工作人员的保护力度。

[①] 如无特殊说明，本书法律名称均使用简称。

续表

2024年《反洗钱法》	2006年《反洗钱法》	适用精解
第九条 【反洗钱宣传教育】反洗钱行政主管部门会同国家有关机关通过多种形式开展反洗钱宣传教育活动,向社会公众宣传洗钱活动的违法性、危害性及其表现形式等,增强社会公众对洗钱活动的防范意识和识别能力。		本条为2024年《反洗钱法》重要新增条款。 本条规定了反洗钱行政主管部门开展反洗钱宣传教育的义务,这是推进全面依法治国所要求的"全民守法"在反洗钱领域的具体化。
第十条 【单位和个人的义务】任何单位和个人不得从事洗钱活动或者为洗钱活动提供便利,并应当配合金融机构和特定非金融机构依法开展的客户尽职调查。		本条为2024年《反洗钱法》重要新增条款。 本条在性质上属于强制性规范: 一方面,本条确立了单位和个人不得从事洗钱活动及为洗钱活动提供便利的"行为禁令"; 另一方面,本条确立了单位和个人有义务配合金融机构和特定非金融机构开展客户尽职调查的"行为指令"。一旦特定的单位和个人违反此项规定,则应当被依法追究法律责任。 相关法律法规:《刑法》。
第十一条 【举报和表彰奖励】任何单位和个人发现洗钱活动,有权向反洗钱行政主管部门、公安机关或者其他有关国家机关举报。接受举报的机关应当对举报人和举报内容保密。 对在反洗钱工作中做出突出贡献的单位和个人,按照国家有关规定给予表彰和奖励。	第七条 任何单位和个人发现洗钱活动,有权向反洗钱行政主管部门或者公安机关举报。接受举报的机关应当对举报人和举报内容保密。	本条由2006年《反洗钱法》第七条修改而来。 第一款规定了单位和个人对洗钱活动享有监督权,接受举报的机关负有相应的保密义务。 第二款为本次修订所新增,规定了对反洗钱工作做出了突出贡献的单位和个人,国家应当依据有关规定对之进行表彰和奖励。该款在性质上属于参引规范,其本身不能作为对单位和个人进行表彰和奖励的依据,而是应当以"其他有关规定"为依据。

续表

2024年《反洗钱法》	2006年《反洗钱法》	适用精解
第十二条 【域外适用】在中华人民共和国境外（以下简称境外）的洗钱和恐怖主义融资活动，危害中华人民共和国主权和安全，侵犯中华人民共和国公民、法人和其他组织合法权益，或者扰乱境内金融秩序的，依照**本法以及相关法律规定处理并追究法律责任**。		本条为2024年《反洗钱法》的重要新增条款。 本条是国家主权原则在反洗钱领域的具体体现和贯彻，确立我国在反洗钱领域的"境外普遍管辖权"规则，为境外洗钱活动的追责与反制提供了法律基础。依据该条规定，发生在我国境外的洗钱和恐怖主义融资活动，一旦侵犯了我国国家利益或公民、法人和其他组织合法权益，则有关国家机关享有保护性管辖权，有权依法追究违法犯罪行为人的法律责任。
第二章 反洗钱监督管理	第二章 反洗钱监督管理	
第十三条 【反洗钱行政主管部门职责】国务院反洗钱行政主管部门组织、协调全国的反洗钱工作，负责反洗钱的资金监测，制定或者会同国务院有关**金融管理部门**制定金融机构反洗钱**管理规定**，监督检查金融机构履行反洗钱义务的情况，在职责范围内调查可疑交易活动，履行法律和国务院规定的有关反洗钱的其他职责。 国务院反洗钱行政主管部门的派出机构在国务院反洗钱行政主管部门的授权范围内，对金融机构履行反洗钱义务的情况进行监督检查。	**第八条** 国务院反洗钱行政主管部门组织、协调全国的反洗钱工作，负责反洗钱的资金监测，制定或者会同国务院有关金融监督管理机构制定金融机构反洗钱规章，监督、检查金融机构履行反洗钱义务的情况，在职责范围内调查可疑交易活动，履行法律和国务院规定的有关反洗钱的其他职责。 国务院反洗钱行政主管部门的派出机构在国务院反洗钱行政主管部门的授权范围内，对金融机构履行反洗钱义务的情况进行监督、检查。	本条由2006年《反洗钱法》第八条修改而来。 本条规定的是国务院反洗钱行政主管部门及其派出机构的职责。 本条主要变动如下： 第一，机构名称由原来的"金融监督管理机构"修改为"金融管理部门"。 第二，原来的"金融机构反洗钱规章"修改为"金融机构反洗钱管理规定"，更符合反洗钱工作领域的规范性文件可能具有不同层次、不同性质的现实需求，避免原来定位为"规章"的局限性。 第三，标点符号变化。修改后条文减少了部分顿号的使用，如"监督、检查"修改为"监督检查"，体现了立法技术的进步，使表述更加流畅。 这些修改使法律条文更加规范、准确，更好地适应了当前反洗钱工作的需要。

续表

2024年《反洗钱法》	2006年《反洗钱法》	适用精解
第十四条 【有关金融管理部门职责】国务院有关金融管理部门参与制定所监督管理的金融机构反洗钱管理规定，履行法律和国务院规定的有关反洗钱的其他职责。 有关金融管理部门应当在金融机构市场准入中落实反洗钱审查要求。在监督管理工作中发现金融机构违反反洗钱规定的，应当将线索移送反洗钱行政主管部门，并配合其进行处理。	第九条 国务院有关金融监督管理机构参与制定所监督管理的金融机构反洗钱规章，对所监督管理的金融机构提出按照规定建立健全反洗钱内部控制制度的要求，履行法律和国务院规定的有关反洗钱的其他职责。 第十四条 国务院有关金融监督管理机构审批新设金融机构或者金融机构增设分支机构时，应当审查新机构反洗钱内部控制制度的方案；对于不符合本法规定的设立申请，不予批准。	本条规定的是国务院有关金融管理部门的反洗钱职责。 本条第一款由2006年《反洗钱法》第九条修改而来。 第一款主要变动如下： 第一，机构称谓变化。由原来的"金融监督管理机构"修改为"金融管理部门"，与前条保持一致，反映监管体制改革后的表述。 第二，职责内容变化。新规定删除了"对所监督管理的金融机构提出按照规定建立健全反洗钱内部控制制度的要求"，该项内容已被纳入更具体的监管规定中。 本条第二款是新增规定，注重事前预防，强调部门协作，完善监管流程，使反洗钱监管更加系统化、规范化，有利于提高反洗钱工作的整体效能。具体而言： 一是新增"市场准入审查"，要求在金融机构市场准入中落实反洗钱审查职责，防患于未然； 二是新增"违规处理机制"，建立了发现违规后的线索移送和协作处理机制，及时高效处理涉嫌洗钱的不法行为。
第十五条 【特定非金融机构主管部门职责】国务院有关特定非金融机构主管部门制定或者国务院反洗钱行政主管部门会同其制定特定非金融机构反洗钱管理规定。 有关特定非金融机构主管部门监督检查特定非金融机构履行反洗钱义务的情况，处理反	第三十五条 应当履行反洗钱义务的特定非金融机构的范围、其履行反洗钱义务和对其监督管理的具体办法，由国务院反洗钱行政主管部门会同国务院有关部门制定。	本条规定的是特定非金融机构主管部门的反洗钱职责。 主要新增的内容有： 第一，明确特定非金融机构反洗钱管理规定的制定主体，指出特定非金融机构主管部门可以单独或与反洗钱行政主管部门共同制定相关规定，体现了特定非金融机构反洗钱工作的分级管理和协同监管理念。 第二，明确特定非金融机构主管部门的主要职责，包括监督检

续表

2024年《反洗钱法》	2006年《反洗钱法》	适用精解
洗钱行政主管部门提出的反洗钱监督管理建议，履行法律和国务院规定的有关反洗钱的其他职责。有关特定非金融机构主管部门根据需要，可以请求反洗钱行政主管部门协助其监督检查。		查相关义务主体履行反洗钱工作、处理相关主体提出的反洗钱监督管理建议以及履行其他有关反洗钱的职责。 第三，规定了特定非金融机构主管部门可以根据需要请求相关主体协助其展开监督检查的协作机制。 本条修改的意义主要有： 第一，扩大监管范围，将特定非金融机构纳入反洗钱监管体系，填补监管空白。 第二，落实国际标准，完善反洗钱体系，提升国际合规水平。 第三，适应实践需求，应对新业态发展，防范新型洗钱风险，加强监管效能。
第十六条　【反洗钱监测分析机构职责】国务院反洗钱行政主管部门设立**反洗钱监测分析机构。反洗钱监测分析机构开展反洗钱资金监测**，负责接收、分析大额交易和可疑交易报告，**移送分析结果**，并按照规定向国务院反洗钱行政主管部门报告**工作情况**，履行国务院反洗钱行政主管部门规定的其他职责。 **反洗钱监测分析机构根据依法履行职责的需要，可以要求履行反洗钱义务的机构提供与大额交易和可疑交易相关的补充信息。**	第十条　国务院反洗钱行政主管部门设立反洗钱信息中心，负责大额交易和可疑交易报告的接收、分析，并按照规定向国务院反洗钱行政主管部门报告分析结果，履行国务院反洗钱行政主管部门规定的其他职责。	本条规定的是反洗钱监测分析机构的设立与职责。 本条第一款由2006年《反洗钱法》第十条修改而来。 第一款主要变化如下： 第一，原来的"反洗钱信息中心"修改为"反洗钱监测分析机构"。名称变化反映职能升级，强调"监测分析"的核心功能。 第二，基本职责的调整。原来反洗钱信息中心仅具有接收、分析和报告职责；现在反洗钱监测分析机构具有开展资金监测工作的职能，强调"移送分析结果"而非仅报告，报告对象明确为"工作情况"。 本款修改后，相关监测分析机构的职责更加明确和具体，工作流程更加规范。

续表

2024 年《反洗钱法》	2006 年《反洗钱法》	适用精解
反洗钱监测分析机构应当健全监测分析体系，根据洗钱风险状况有针对性地开展监测分析工作，按照规定向履行反洗钱义务的机构反馈可疑交易报告使用情况，不断提高监测分析水平。		本条第二款为重要新增内容，规定了反洗钱监测分析机构的补充信息获取权，赋予其要求履行反洗钱义务的机构提供补充信息的权力，增强了监测分析机构的信息获取能力，有助于提高监测分析的准确性。 本条第三款为重要的新增内容，明确了反洗钱监测分析机构应当健全监测分析体系的要求，有助于建立系统化、专业化的反洗钱监测分析工作机制。 本条的主要意义在于，使反洗钱监测分析工作更加专业化、系统化，并通过信息反馈机制促进反洗钱工作体系整体的良性发展。
第十七条　【部门间信息交换】国务院反洗钱行政主管部门为履行**反洗钱职责，可以从国家有关机关**获取所必需的信息，**国家有关机关应当依法提供。** 国务院反洗钱行政主管部门应当向**国家有关机关定期**通报反洗钱工作情况，**依法向履行与反洗钱相关的监督管理、行政调查、监察调查、刑事诉讼等职责的国家有关机关提供所必需的反洗钱信息。**	**第十一条**　国务院反洗钱行政主管部门为履行反洗钱资金监测职责，可以从国务院有关部门、机构获取所必需的信息，国务院有关部门、机构应当提供。 国务院反洗钱行政主管部门应当向国务院有关部门、机构定期通报反洗钱工作情况。	本条规定的是反洗钱工作相关信息的共享制度。 本条第一款由 2006 年《反洗钱法》第十一条修改而来。 第一，职责范围扩大。原来国务院反洗钱行政主管部门的职责限于"反洗钱资金监测"，扩展为"反洗钱职责"，扩大了信息获取的职责范围，体现了反洗钱工作的全面性需要。 第二，获得信息的来源机构的扩展。由原来的"国务院有关部门、机构"调整为"国家有关机关"。 第三，信息提供要求变化。在原来规定的"应当提供"的基础之上，增加"依法"要求，强调信息提供的法律依据，更加规范。 本条完善了反洗钱工作领域的信息共享机制、新增了国务院反洗钱行政主管部门向特定机关提供必需信息的职责，明确了提供反洗钱相关信息的范围和对象，强调了反洗钱工作的协同性，为多部门协同打击洗钱犯罪提供了法律依据。

2024年《反洗钱法》	2006年《反洗钱法》	适用精解
第十八条 【海关信息通报机制】出入境人员携带的现金、无记名支付凭证等超过规定金额的，应当按照规定向海关申报。海关发现个人出入境携带的现金、无记名**支付凭证**等超过规定金额的，应当及时向反洗钱行政主管部门通报。 前款规定的申报范围、金额标准以及通报机制等，由国务院反洗钱行政主管部门、国务院外汇管理部门按照职责分工会同海关总署规定。	第十二条 海关发现个人出入境携带的现金、无记名有价证券超过规定金额的，应当及时向反洗钱行政主管部门通报。 前款应当通报的金额标准由国务院反洗钱行政主管部门会同海关总署规定。	本条由2006年《反洗钱法》第十二条修改而来。 本条规定的是出入境现金及无记名支付凭证的申报机制。 第一款主要变化如下： 第一，监管对象范围扩大。将"有价证券"改为"支付凭证"，扩大了监管范围，体现了支付方式多样化的发展趋势，可以覆盖更多的新型支付工具。 第二，新增出入境人员的主动申报义务，体现了反洗钱工作从被动监管向主动预防的转变，增加了个人责任，有利于从源头管控洗钱风险。 第二款主要变化如下： 第一，监管机制完善。原来仅规定"金额标准"由反洗钱主管部门与海关总署规定，扩展为申报范围、金额标准和通报机制等由反洗钱主管部门、外汇管理部门与海关总署共同规定。 第二，相关规定的制定主体的完善。有权制定相关规定的主体由原来的"国务院反洗钱行政主管部门会同海关总署"修改为"国务院反洗钱行政主管部门、国务院外汇管理部门按照职责分工会同海关总署规定"，体现了多部门协同监管的趋势，特别是加入外汇管理部门，强化了跨境资金流动监管。 本条的修改意义在于，体现了我国反洗钱监管的与时俱进，以及对跨境资金流动监管的持续加强。 相关法律法规：《出境入境管理法》《外汇管理条例》《个人外汇管理办法》《携带外币现钞出入境管理操作规程》。

续表

2024年《反洗钱法》	2006年《反洗钱法》	适用精解
第十九条　【受益所有人信息管理】国务院反洗钱行政主管部门会同国务院有关部门建立法人、非法人组织受益所有人信息管理制度。 法人、非法人组织应当保存并及时更新受益所有人信息，按照规定向登记机关如实提交并及时更新受益所有人信息。反洗钱行政主管部门、登记机关按照规定管理受益所有人信息。 反洗钱行政主管部门、国家有关机关为履行职责需要，可以依法使用受益所有人信息。金融机构和特定非金融机构在履行反洗钱义务时依法查询核对受益所有人信息；发现受益所有人信息错误、不一致或者不完整的，应当按照规定进行反馈。使用受益所有人信息应当依法保护信息安全。 本法所称法人、非法人组织的受益所有人，是指最终拥有或者实际控制法人、非法人组织，或者享有法人、非法人组织最终收益的自然人。具体认定标准由国务院反洗钱行政主管部门会同国务院有关部门制定。		本条是2024年《反洗钱法》的重要新增条款。 本条规定的是受益所有人信息管理制度。 第一款是关于建立受益所有人信息管理制度的职责主体的规定。依据本款规定，反洗钱行政主管部门牵头建立受益所有人信息管理制度。 第二款规定了保存、更新并如实提交和更新受益所有人信息的义务主体，以及管理受益所有人信息的主体。具体表现为： 第一，法人、非法人组织有保存并及时更新受益所有人信息的义务，有如实提交并及时更新受益所有人信息的义务； 第二，反洗钱行政主管部门和登记机关具有按照规定管理受益所有人信息的职责。 第三款规定了受益所有人信息的使用规则，主要包括三个方面： 一是明确了使用主体，具体包括反洗钱行政主管部门、国家有关机关、金融机构及特定非金融机构； 二是规定使用受益所有人信息时应当依法使用，并依法保护信息安全； 三是金融机构和特定非金融机构的依规反馈义务，即其在履行反洗钱义务时依法查询核对受益所有人信息发现相关信息错误、不一致或者不完整的，应当按照规定进行反馈，保障相关信息的准确性。 第四款规定了受益所有人的定义和认定标准。依据本款规定，由国务院反洗钱行政主管部门会同国务院有关部门制定具体认定标准。

续表

2024年《反洗钱法》	2006年《反洗钱法》	适用精解
		本条的新增意义在于，首次在法律层面确立受益所有人制度，明确了法人、非法人组织、金融机构、特定非金融机构、反洗钱行政主管部门、登记机关等的主要义务和职责，填补了重要的制度空白，提升了监管效能，在反洗钱领域与国际接轨，完善了法律框架。 **相关法律法规：**《个人信息保护法》《受益所有人信息管理办法》。
第二十条 【线索和相关证据材料移送】 反洗钱行政主管部门和其他依法负有反洗钱监督管理职责的部门发现涉嫌洗钱以及相关违法犯罪的交易活动，应当将线索和相关证据材料移送有管辖权的机关处理。接受移送的机关应当按照有关规定反馈处理结果。	**第十三条** 反洗钱行政主管部门和其他依法负有反洗钱监督管理职责的部门、机构发现涉嫌洗钱犯罪的交易活动，应当及时向侦查机关报告。	本条由2006年《反洗钱法》第十三条修改而来。 本条规定的是涉嫌洗钱线索的移送与反馈。 主要变化如下： 第一，修改监管主体表述。区别于原来"部门、机构"的表述，删除"机构"，仅保留"部门"，明确了相关国家机关的属性，使表述更加规范。 第二，扩大监管范围。从原来的"涉嫌洗钱犯罪"扩大为"涉嫌洗钱以及相关违法犯罪"。这使得相关主体的监管范围不限于涉嫌洗钱犯罪，也包括上下游关联违法犯罪行为。 第三，处理机制的变化。主要表现在两个方面：一是报告对象变化，由"向侦查机关报告"修改为"移送有管辖权的机关处理"；二是新增反馈机制，要求接受移送机关反馈处理结果，形成闭环管理，增强工作效能。 本条的修改意义在于，完善了案件移送和处理机制，构建了闭环式工作流程，加强了部门协作配合，提高了反洗钱工作效能。 **相关法律法规：**《反电信网络诈骗法》《刑法》。

续表

2024年《反洗钱法》	2006年《反洗钱法》	适用精解
	第十四条 国务院有关金融监督管理机构审批新设金融机构或者金融机构增设分支机构时，应当审查新机构反洗钱内部控制制度的方案；对于不符合本法规定的设立申请，不予批准。	2024年《反洗钱法》删除了2006年《反洗钱法》第十四条的相关内容。
第二十一条【监督管理职责】反洗钱行政主管部门为依法履行监督管理职责，可以要求金融机构报送履行反洗钱义务情况，对金融机构实施风险监测、评估，并就金融机构执行本法以及相关管理规定的情况进行评价。必要时可以按照规定约谈金融机构的董事、监事、高级管理人员以及反洗钱工作直接负责人，要求其就有关事项说明情况；对金融机构履行反洗钱义务存在的问题进行提示。		本条为2024年《反洗钱法》重要新增内容。 本条规定的是反洗钱行政主管部门为监督管理职责而享有的权力。 第一，要求报送的权力。反洗钱行政主管部门可以要求金融机构报送反洗钱义务履行情况。 第二，展开监测、评估、评价的权力。反洗钱行政主管部门有权对金融机构实施风险进行监测、评估，并对其执行反洗钱法和相关规定的情况进行评价。 第三，对特定主体进行约谈的权力。必要时，反洗钱行政主管部门可以依规约谈包括金融机构的董事、监事、高级管理人员及反洗钱工作的直接负责人，要求约谈对象就有关事项说明情况。 第四，进行风险提示。反洗钱行政主管部门有权对金融机构履行反洗钱义务存在的问题进行提示。 本条的修改体现了我国反洗钱监管向着更加精细化、专业化方向发展的趋势，监管手段明确化对提升反洗钱监管效能具有重要意义。

续表

2024年《反洗钱法》	2006年《反洗钱法》	适用精解
第二十二条 【监督检查措施和程序】反洗钱行政主管部门进行监督检查时，可以采取下列措施： （一）进入金融机构进行检查； （二）询问金融机构的工作人员，要求其对有关被检查事项作出说明； （三）查阅、复制金融机构与被检查事项有关的文件、资料，对可能被转移、隐匿或者毁损的文件、资料予以封存； （四）检查金融机构的计算机网络与信息系统，调取、保存金融机构的计算机网络与信息系统中的有关数据、信息。 进行前款规定的监督检查，应当经国务院反洗钱行政主管部门或者其设区的市级以上派出机构负责人批准。检查人员不得少于二人，并应当出示执法证件和检查通知书；检查人员少于二人或者未出示执法证件和检查通知书的，金融机构有权拒绝接受检查。		本条为2024年《反洗钱法》重要新增内容。 本条规定的是反洗钱行政主管部门可以采取的监督检查措施。 主要新增内容如下： 第一，明确规定反洗钱行政主管部门可以采取的监督检查措施，具体包括四项：进入金融机构进行检查；询问金融机构的工作人员，要求其对有关被检查事项作出说明；查阅、复制金融机构与被检查事项有关的文件、资料，对可能被转移、隐匿或者毁损的文件、资料予以封存；检查金融机构的计算机网络与信息系统，调取、保存金融机构的计算机网络与信息系统中的有关数据、信息。这强化了反洗钱行政主管部门在执行检查过程中对文件资料的保护，避免洗钱嫌疑人通过转移或销毁证据逃避法律制裁。在计算机网络和信息系统检查的详细要求上，强调可以调取、保存相关数据和信息。 第二，新增了监督检查的程序和执行细节： 在审批要求上，明确采取本条规定的监督检查措施，应当经国务院反洗钱行政主管部门或其设区的市级以上派出机构负责人批准。这增强了监督检查程序的规范性，确保检查行为受到更高层级的监督，防止滥用职权。 在检查人员数量要求上，明确规定监督检查时的检查人员不得少于二人，且必须出示执法证件和检查通知书，为防止单独人员操作并增加执法透明度提供了保

续表

2024年《反洗钱法》	2006年《反洗钱法》	适用精解
		障。同时，本条还规定了金融机构的检查拒绝权，即如果检查人员少于两人或未出示执法证件和通知书，金融机构有权拒绝接受检查。这有助于保障金融机构的合法权益，防止不规范或非法检查行为。 本条的修改意义在于，对监督检查的措施、程序、执行要求和保护措施方面作了新的规定，旨在增强反洗钱监管的规范性、透明度和执行力，同时也为金融机构提供了更多的法律保障，有助于提升反洗钱工作的有效性和公平性。
第二十三条 【洗钱风险评估】国务院反洗钱行政主管部门会同国家有关机关评估国家、行业面临的洗钱风险，发布洗钱风险指引，加强对履行反洗钱义务的机构指导，支持和鼓励反洗钱领域技术创新，及时监测与新领域、新业态相关的新型洗钱风险，根据洗钱风险状况优化资源配置，完善监督管理措施。		本条为2024年《反洗钱法》重要新增内容。 本条规定的是国务院反洗钱行政主管部门关于洗钱风险评估等方面的职责。 主要新增内容如下： 第一，新增国家与行业层面面临的洗钱风险评估。2006年《反洗钱法》主要侧重于金融机构的反洗钱义务和监管机关的职能，而没有强调国家和行业层面的整体洗钱风险评估。这一规定体现了更为宏观和系统化的风险管理理念。 第二，发布洗钱风险指引。指引的发布可以为金融机构及相关市场主体提供清晰的风险识别标准和应对措施。 第三，及时监测新领域、新业态的洗钱风险。新增条款体现了反洗钱工作的动态监测功能，特别是在新兴领域如虚拟货币、金融科技等和新型洗钱手段如网络洗钱方面的适应性。

续表

2024年《反洗钱法》	2006年《反洗钱法》	适用精解
		第四，优化资源配置和完善监督管理措施。这能够帮助监管部门更加合理地分配检查资源，避免一刀切式的监管，增强监管措施的针对性和时效性。 本条的修改意义在于，在洗钱风险评估、及时监测新型洗钱风险、发布风险指引等方面的新增规定，有助于加强国家层面和行业层面的整体监管，提高反洗钱工作在新兴领域中的适应性和前瞻性，是风险为本的反洗钱监管理念的落实。此外，根据洗钱风险状况优化资源配置，体现了更为动态和灵活的监管思维。 **相关法律法规：**《法人金融机构洗钱和恐怖融资风险自评估指引》《金融机构反洗钱和反恐怖融资监督管理办法》。
第二十四条 【洗钱高风险国家和地区的应对措施】对存在严重洗钱风险的国家或者地区，国务院反洗钱行政主管部门可以在征求国家有关机关意见的基础上，经国务院批准，将其列为洗钱高风险国家或者地区，并采取相应措施。		本条为2024年《反洗钱法》重要新增条款。 本条规定的是关于洗钱高风险国家或地区的名单制定机制。 依据本条规定，国务院反洗钱行政主管部门有权指定"高风险国家或者地区"，具体来讲，其可以在征求国家有关机关意见的基础上，经国务院批准，将存在严重洗钱风险的国家或地区列为高风险国家或地区，并采取相应措施，这有助于与国际反洗钱工作的对接，是我国反洗钱工作国际化的重要内容。 **相关法律法规：**《反外国制裁法》《反电信网络诈骗法》《金融机构反洗钱和反恐怖融资监督管理办法》。

续表

2024 年《反洗钱法》	2006 年《反洗钱法》	适用精解
第二十五条 【反洗钱行业自律】履行反洗钱义务的机构可以依法成立反洗钱自律组织。反洗钱自律组织与相关行业自律组织协同开展反洗钱领域的自律管理。 反洗钱自律组织接受国务院反洗钱行政主管部门的指导。		本条为 2024 年《反洗钱法》重要新增条款。 本条是关于反洗钱自律组织的规定。 本条第一款规定的是反洗钱自律组织的成立及自律管理的开展；第二款规定的是行政主管部门对反洗钱自律组织的指导。 本条第一款从法律层面确认了履行反洗钱义务的机构可以依法成立反洗钱自律组织。反洗钱自律组织应与相关行业自律组织如中国证券投资基金业协会、中国互联网金融协会、中华全国律师协会、中国注册会计师协会等协同开展反洗钱自律管理。 本条第二款明确了反洗钱自律组织应当接受国务院反洗钱行政主管部门的指导。 本条在制定法层面明确规定履行反洗钱义务的机构可以依法成立反洗钱自律组织，这有助于推进行业交流和自律管理，提升反洗钱工作效率。 相关法律法规：《法人金融机构洗钱和恐怖融资风险自评估指引》《金融机构反洗钱和反恐怖融资监督管理办法》。
第二十六条 【反洗钱行业服务机构】提供反洗钱咨询、技术、专业能力评价等服务的机构及其工作人员，应当勤勉尽责、恪尽职守地提供服务；对于因提供服务获得的数据、信息，应当依法妥善处理，确保数据、信息安全。		本条为 2024 年《反洗钱法》重要新增条款。 本条是关于反洗钱领域第三方机构的规定。 随着近年来第三方机构深度参与反洗钱咨询、技术、专业能力评审等领域的工作，使得第三方机构在反洗钱工作中的作用越来越重要。在这种背景下，2024 年《反洗钱法》在制定法层面明确

续表

2024年《反洗钱法》	2006年《反洗钱法》	适用精解
国务院反洗钱行政主管部门应当加强对上述机构开展反洗钱有关服务工作的指导。		规定第三方服务机构及其工作人员应在服务过程中勤勉尽责、恪尽职守，并对相应数据、信息负有依法处理的义务，以保障数据、信息的安全。 本条第一款规定的是提供反洗钱咨询、技术、专业能力评价等服务的机构及其工作人员的义务。 第二款规定的是行政主管部门对上述机构开展反洗钱有关服务工作的指导。 本条第一款从两个层面明确了提供反洗钱咨询、技术、专业能力评价等服务的机构及其工作人员的义务：第一个层面为相关机构及其工作人员提供反洗钱服务时应当勤勉尽责、恪尽职守；第二个层面为妥善处理提供反洗钱服务获得的数据信息，并确保相关数据、信息安全。 本条第二款规定国务院反洗钱行政主管部门应当加强对有关服务工作的指导，有助于相关机构的反洗钱服务工作合理、合法地开展。 相关法律法规：《个人信息保护法》《金融机构客户身份识别和客户身份资料及交易记录保存管理办法》。
第三章　反洗钱义务	第三章　金融机构反洗钱义务	本章由2006年《反洗钱法》第三章修订而来。 本章规定的是金融机构、与金融机构存在业务关系的单位和个人、特定非金融机构等主体的反洗钱义务。 本章在标题上作了修改，将负担反洗钱义务的主体由金融机构扩大到其他单位和个人。

续表

2024年《反洗钱法》	2006年《反洗钱法》	适用精解
第二十七条 【金融机构内部控制制度】金融机构应当依照本法规定建立健全反洗钱内部控制制度，设立专门机构或者指定内设机构牵头负责反洗钱工作，根据经营规模和洗钱风险状况配备相应的人员，按照要求开展反洗钱培训和宣传。 金融机构应当定期评估洗钱风险状况并制定相应的风险管理制度和流程，根据需要建立相关信息系统。 金融机构应当通过内部审计或者社会审计等方式，监督反洗钱内部控制制度的有效实施。金融机构的负责人对反洗钱内部控制制度的有效实施负责。	第十五条 金融机构应当依照本法规定建立健全反洗钱内部控制制度，金融机构的负责人应当对反洗钱内部控制制度的有效实施负责。 金融机构应当设立反洗钱专门机构或者指定内设机构负责反洗钱工作。 第二十二条 金融机构应当按照反洗钱预防、监控制度的要求，开展反洗钱培训和宣传工作。	本条由2006年《反洗钱法》第十五条修订而来。 本条是关于金融机构建立健全反洗钱内部控制制度的规定。 本条在内容上作了修改： 一是将"负责反洗钱工作"改为"牵头负责反洗钱工作"； 二是将"金融机构的负责人应当对反洗钱内部控制制度的有效实施负责"的"应当"删除； 三是增加了反洗钱内部控制制度中人员配备、培训宣传、风险管理、审计等细化规定。 本条第一款要求金融机构依法建立健全反洗钱内部控制制度，设立专门机构或者指定内设相关机构牵头负责反洗钱工作，配备相应的人员，展开相应的反洗钱培训和宣传工作； 第二款规定的是金融机构的反洗钱风险管理制度，要求金融机构定期评估洗钱风险、制定相应的风险管理制度和流程，并根据需要建立相关信息系统，有助于防范相关风险。 第三款规定的是金融机构反洗钱内部控制制度的监督，明确了金融机构负责人应对反洗钱内部控制制度的有效实施负责。 本条在制定法层面将金融机构的反洗钱内部控制要求扩大到内部控制制度、管理架构、人员配备、培训宣传、风险评估、信息系统、内部或社会审计等领域，是本次《反洗钱法》修订所采的风险为本的监管理念的具体体现。

续表

2024年《反洗钱法》	2006年《反洗钱法》	适用精解
第二十八条 【客户尽职调查制度】金融机构应当按照规定建立客户尽职调查制度。 金融机构不得为身份不明的客户提供服务或者与其进行交易，不得为客户开立匿名账户或者假名账户，**不得为冒用他人身份的客户开立账户**。	第十六条第一款 金融机构应当按照规定建立客户身份识别制度。 第十六条第五款 金融机构不得为身份不明的客户提供服务或者与其进行交易，不得为客户开立匿名账户或者假名账户。 第十六条第七款 任何单位和个人在与金融机构建立业务关系或者要求金融机构为其提供一次性金融服务时，都应当提供真实有效的身份证件或者其他身份证明文件。	本条由2006年《反洗钱法》第十六条第一款、第五款、第七款修订而来。 本条是关于客户尽职调查制度的规定。 本条在内容上作了修改： 一是将"客户身份识别制度"改为"客户尽职调查制度"； 二是增加了"不得为冒用他人身份的客户开立账户"的要求； 三是删去了任何单位和个人提供身份证件或其他身份证明文件的规定。 本条第一款规定的是金融机构的客户尽职调查制度，明确金融机构负有依照规定建立客户尽职调查制度的义务。 第二款规定的是金融机构履行尽职调查义务时的禁止性义务，具体包括三项： 一是禁止金融机构为身份不明的客户提供服务或进行交易； 二是禁止为客户开立匿名账户或假名账户；三是禁止为冒用他人身份的客户开立账户。 相关法律法规：《中国人民银行关于开展全国存量个人人民币银行存款账户相关身份信息真实性核实工作的指导意见》。
第二十九条 【客户尽职调查的情形和内容】有下列情形之一的，金融机构应当开展客户尽职调查： （一）与客户建立业务关系或者为客户提供规定金额以上的一次性金融服务；	第十六条第二款 金融机构在与客户建立业务关系或者为客户提供规定金额以上的现金汇款、现钞兑换、票据兑付等一次性金融服务时，应当要求客户出示真实有效的身份证件或者其他身份证明文件，进行核对并登记。	本条由2006年《反洗钱法》第十六条第二款、第六款修订而来。 本条是关于金融机构履行客户尽职调查义务的细化规定。 本条在内容上作了修改： 一是将"客户身份资料的真实性、有效性或者完整性有疑问的"修改为"客户身份资料真实性、有

续表

2024年《反洗钱法》	2006年《反洗钱法》	适用精解
（二）有合理理由怀疑客户及其交易涉嫌洗钱活动； （三）对先前获得的客户身份资料的真实性、有效性、完整性存在疑问。 客户尽职调查包括识别并采取合理措施核实客户及其受益所有人身份，了解客户建立业务关系和交易的目的，涉及较高洗钱风险的，还应当了解相关资金来源和用途。 金融机构开展客户尽职调查，应当根据客户特征和交易活动的性质、风险状况进行，对于涉及较低洗钱风险的，金融机构应当根据情况简化客户尽职调查。	第十六条第六款 金融机构对先前获得的客户身份资料的真实性、有效性或者完整性有疑问的，应当重新识别客户身份。	效性、完整性存在疑问"； 二是将"现金汇款、现钞兑换、票据兑付等"删除； 三是增加了尽职调查的情形、内容、简化尽职调查的条件等内容。 本条第一款规定的是金融机构应当履行客户尽职调查义务的具体情形，明确了与客户建立业务关系、提供一次性金融服务、有理由怀疑客户及其交易涉嫌洗钱及客户身份资料存疑等情形应当展开尽职调查。 第二款规定的是客户尽职调查的具体内容，规定了不同风险的情况下客户尽职调查的内容。一般情形下应当核实身份、交易目的等内容，涉及较高洗钱风险时还应当了解相关资金的来源和用途。 第三款规定的是金融机构应当根据情况简化尽职调查的要求，其应当对较低风险的客户简化尽职调查，有助于保护金融消费者权益、提升交易效率。
第三十条 【持续的客户尽职调查与洗钱风险管理措施】在业务关系存续期间，金融机构应当持续关注并评估客户整体状况及交易情况，了解客户的洗钱风险。发现客户进行的交易与金融机构所掌握的客户身份、风险状况等不符的，应当进一步核实客户及其交易有关情况；对存在洗钱高风险情形的，必要时可以采取		本条是2024年《反洗钱法》重要新增条文。 本条是关于金融机构持续关注客户洗钱风险的规定。 本条第一款是关于金融机构持续关注并评估客户整体状况、交易情况及洗钱风险的义务的规定，明确了金融机构持续关注并评估客户整体状况及交易情况、了解客户的洗钱风险的义务。并根据不同的风险采取不同的措施：当客户进行的交易与金融机构掌握的客户身份、风险状况等不符的，

续表

2024年《反洗钱法》	2006年《反洗钱法》	适用精解
限制交易方式、金额或者频次，限制业务类型，拒绝办理业务，终止业务关系等洗钱风险管理措施。 金融机构采取洗钱风险管理措施，应当在其业务权限范围内按照有关管理规定的要求和程序进行，平衡好管理洗钱风险与优化金融服务的关系，不得采取与洗钱风险状况明显不相匹配的措施，保障与客户依法享有的医疗、社会保障、公用事业服务等相关的基本的、必需的金融服务。		应当进一步核实；当存在洗钱高风险的，必要时可以采取限制交易、拒绝办理业务、终止业务关系等措施。 第二款规定的是金融机构采取洗钱风险管理措施时应当平衡防范风险和优化服务之间的关系。金融机构应当依据有关管理规定采取风险管理措施，防止管理风险与优化服务关系失衡，禁止采取与风险明显不匹配的措施，并保障客户基本的、必需的金融服务。 在2006年《反洗钱法》修订之前，金融机关等在实践中因缺乏法律依据而难以对客户采取限制措施等，即使是采取限制措施，也极易引起客户的投诉甚至诉讼纠纷。2024年《反洗钱法》明确规定金融机构有权采取限制措施，有助于金融机构更积极主动履行其反洗钱义务。当然，金融机构采取限制措施应当依法在其业务权限范围内按照有关规定展开，防止对客户合法权益的侵害。
第三十一条 【识别代理人】客户由他人代理办理业务的，金融机构应当按照规定核实代理关系，识别并核实代理人的身份。 金融机构与客户订立人身保险、信托等合同，合同的受益人不是客户本人的，金融机构应当识别并核实受益人的身份。	第十六条第三款 客户由他人代理办理业务的，金融机构应当同时对代理人和被代理人的身份证件或者其他身份证明文件进行核对并登记。 第十六条第四款 与客户建立人身保险、信托等业务关系，合同的受益人不是客户本人的，金融机构还应当对受益人的身份证件或者其他身份证明文件进行核对并登记。	本条由2006年《反洗钱法》第十六条第三款、第十六条第四款修订而来。 本条是关于金融机构识别并核实代理人和受益人身份的义务的规定。 本条在内容上作了修改： 一是增加了"按照规定"的表述，强调相应反洗钱工作应当依规展开； 二是将"订立"改为"建立"，将"业务关系"改为"合同"，与《民法典》等保持体系衔接；

续表

2024年《反洗钱法》	2006年《反洗钱法》	适用精解
		三是将"同时对代理人和被代理人的身份证件或者其他身份证明文件进行核对并登记"改为核实代理关系及代理人身份； 四是将"对受益人的身份证件或者其他身份证明文件进行核对并登记"改为"识别并核实受益人身份"。 本条第一款规定了在他人代理办理业务的情形下，金融机构核实代理关系的义务，明确了客户由他人代理办理业务的情形下，金融机构应当核实代理关系、识别并核实代理人身份，并不局限于核对身份证件或其他身份证明文件，采取实质性核实标准，有助于受益所有人制度的落实。 本条第二款规定了当客户订立的人身保险、信托等合同中受益人不是客户本人时，金融机构核实受益人身份的义务。与前款相同，本款的识别与核实也不局限于核对身份证件或其他身份证明文件，而是采用实质性核实标准，同样意在落实受益所有人制度，防范洗钱风险发生。
第三十二条 【依托第三方开展客户尽职调查】金融机构依托第三方开展客户尽职调查的，应当评估第三方的风险状况及其履行反洗钱义务的能力。第三方具有较高风险情形或者不具备履行反洗钱义务能力的，金融机构不得依托其开展客户尽职调查。	第十七条 金融机构通过第三方识别客户身份的，应当确保第三方已经采取符合本法要求的客户身份识别措施；第三方未采取符合本法要求的客户身份识别措施的，由该金融机构承担未履行客户身份识别义务的责任。	本条由2006年《反洗钱法》第十七条修订而来。 本条是关于金融机构依托第三方展开客户尽职调查的规定。 本条在内容上作了修改：一是将"通过"改为"依托"；二是将"识别客户身份""客户身份识别"改为"客户尽职调查"；三是增加了有关第三方义务的规定。 本条第一款规定的是金融机构

续表

2024年《反洗钱法》	2006年《反洗钱法》	适用精解
金融机构应当确保第三方已经采取符合本法要求的客户尽职调查措施。第三方未采取符合本法要求的客户尽职调查措施的，由该金融机构承担未履行客户尽职调查义务的法律责任。 第三方应当向金融机构提供必要的客户尽职调查信息，并配合金融机构持续开展客户尽职调查。		依托第三方开展客户尽职调查时，第三方能够受托开展客户尽职调查的条件，明确了金融机构有权依托第三方开展客户尽职调查，但禁止依托具有较高风险或者不具备履行反洗钱义务的第三方开展客户尽职调查，以防止洗钱风险发生。相较于2006年《反洗钱法》，新法从"第三方已经采取符合本法要求的客户身份识别措施"调整为不得"具有较高风险情形"或者"具备履行反洗钱义务能力"，实质上强化了对第三方反洗钱义务履行能力的要求。 第二款规定的是金融机构依托第三方开展客户尽职调查时的义务及责任，其应确保第三方采取了符合本法要求的措施。并要求金融机构在第三方未采取符合本法的措施时承担责任，意在强化金融机构在选择第三方时的审慎义务，防止洗钱风险发生。 第三款规定的是第三方开展客户尽职调查时的义务，明确规定第三方受托开展客户尽职调查时，负有向金融机构提供必要的信息并配合金融机构持续开展客户尽职调查的义务，强化金融机构对于第三方的监督。
第三十三条【相关部门支持客户尽职调查】金融机构进行客户尽职调查，可以通过反洗钱行政主管部门以及公安、市场监督管理、民政、税务、移民管理、电信管理等部门依法核实客户身份等有关信息，相关	**第十八条** 金融机构进行客户身份识别，认为必要时，可以向公安、工商行政管理等部门核实客户的有关身份信息。	本条由2006年《反洗钱法》第十八条修订而来。 本条在内容上作了修改： 一是将"身份识别"改为"尽职调查"； 二是删除"认为必要时"的表述； 三是将"向公安、工商行政管理等部门核实客户的有关身份

2024年《反洗钱法》	2006年《反洗钱法》	适用精解
部门应当依法予以支持。 国务院反洗钱行政主管部门应当协调推动相关部门为金融机构开展客户尽职调查提供必要的便利。		信息"改为"通过反洗钱行政主管部门以及公安、市场监督管理、民政、税务、移民管理、电信管理等部门依法核实客户身份等有关信息"; 四是增加了相关部门支持客户尽职调查的义务; 五是增加了国务院反洗钱行政主管部门的义务。 本条第一款规定的是相关部门应当对金融机构开展的客户尽职调查予以支持,明确了反洗钱行政主管部门、公安、市场监督管理等部门应当支持金融机构的客户尽职调查,以利于金融机构客户尽职调查义务的履行。 第二款规定的是国务院反洗钱行政主管部门为客户尽职调查提供便利的义务,有助于金融机构履行尽职调查义务。
第三十四条 【客户身份资料和交易记录保存制度】金融机构应当按照规定建立客户身份资料和交易记录保存制度。 在业务关系存续期间,客户**身份信息**发生变更的,应当及时更新。 客户身份资料在业务关系结束后、客户交易信息在交易结束后,应当至少保存**十年**。	**第十九条** 金融机构应当按照规定建立客户身份资料和交易记录保存制度。 在业务关系存续期间,客户身份资料发生变更的,应当及时更新客户身份资料。 客户身份资料在业务关系结束后、客户交易信息在交易结束后,应当至少保存五年。 金融机构破产和解散时,应当将客户身份	本条由2006年《反洗钱法》第十九条修订而来。 本条是关于客户身份资料和交易信息的规定。 本条在内容上作了修改: 一是将原来第二款的"客户身份资料"修改为"客户身份信息"; 二是保存时间由五年改为十年; 三是将"破产和解散"改为"解散、被撤销或者被宣告破产"。 本条第一款规定的是客户身份资料和交易记录保存制度,明确了金融机构建立客户身份资料和交易记录保存制度的义务。 第二款规定的是客户身份信息发生变更时的处理方法,规定

续表

2024年《反洗钱法》	2006年《反洗钱法》	适用精解
金融机构解散、被撤销或者被宣告破产时，应当将客户身份资料和客户交易信息移交国务院有关部门指定的机构。	资料和客户交易信息移交国务院有关部门指定的机构。	了业务关系存续期间金融机构及时更新客户身份信息的义务。 第三款规定的是客户身份资料、交易信息的保存时间，要求客户身份资料、客户交易信息在交易结束后，金融机构应当至少保存十年。 第四款规定的是金融机构解散、被撤销或者宣告破产时相关信息的处理方法，即其应当将客户身份资料和客户交易信息移交国务院有关部门指定的机构。 相关法律法规：《个人信息保护法》《金融机构客户身份识别和客户身份资料及交易记录保存管理办法》。
第三十五条【大额交易报告和可疑交易报告制度】金融机构应当按照规定执行大额交易报告制度，客户单笔交易或者在一定期限内的累计交易超过规定金额的，应当及时向反洗钱监测分析机构报告。 金融机构应当按照规定执行可疑交易报告制度，制定并不断优化监测标准，有效识别、分析可疑交易活动，及时向反洗钱监测分析机构提交可疑交易报告；提交可疑交易报告的情况应当保密。	第二十条 金融机构应当按照规定执行大额交易和可疑交易报告制度。 金融机构办理的单笔交易或者在规定期限内的累计交易超过规定金额或者发现可疑交易的，应当及时向反洗钱信息中心报告。	本条由2006年《反洗钱法》第二十条修改而来。 本条是关于大额交易及可疑交易报告制度的规定。其中，第一款规定的是大额交易报告制度；第二款规定的是可疑交易报告制度。 本条在内容上有以下变化： 一是第一款措辞方面的修改，将"金融机构办理的单笔交易"修改为"客户单笔交易"，将"规定期限"修改为"一定期限"，内容上没有实质变化； 二是第二款细化了对可疑交易报告制度的要求，要求金融机构"制定并不断优化监测标准，有效识别、分析可疑交易活动，及时向反洗钱监测分析机构提交可疑交易报告"，强调了金融机构在制定和优化监测标准方面的责任； 三是第二款增加对可疑交易报告保密性的要求，有助于保护客户的隐私和商业秘密，确保金融机

续表

2024年《反洗钱法》	2006年《反洗钱法》	适用精解
		构在执行反洗钱义务时能够遵守信息保护的相关法律； 　　四是报告机构从"反洗钱信息中心"变更为"反洗钱监测分析机构"，以与新《反洗钱法》第十六条的规定相协调，更为准确。 　　**相关法律法规：**《金融机构大额交易和可疑交易报告管理办法》《金融机构客户身份识别和客户身份资料及交易记录保存管理办法》《银行业金融机构反洗钱和反恐怖融资管理办法》。
	第二十一条　金融机构建立客户身份识别制度、客户身份资料和交易记录保存制度的具体办法，由国务院反洗钱行政主管部门会同国务院有关金融监督管理机构制定。金融机构大额交易和可疑交易报告的具体办法，由国务院反洗钱行政主管部门制定。	2006年《反洗钱法》第二十一条已被删除。
第三十六条　【新领域洗钱风险防范】金融机构应当在反洗钱行政主管部门的指导下，关注、评估运用新技术、新产品、新业务等带来的洗钱风险，根据情形采取相应措施，降低洗钱风险。		本条为2024年《反洗钱法》重要新增条款。 　　本条规定的是金融机构对新技术、新产品、新业务中洗钱风险的应对。 　　本条强调金融机构要重视金融领域内新技术、新产品、新业务等带来的洗钱风险，目的在于确保反洗钱措施能够及时应对技术进步带来的新挑战。 　　本条要求金融机构在反洗钱行政主管部门的指导下进行风险评估，目的在于促进双方形成合力，共同维护金融系统的安全和稳定。

续表

2024年《反洗钱法》	2006年《反洗钱法》	适用精解
第三十七条 【总部、集团层面反洗钱工作】在境内外设有分支机构或者控股其他金融机构的金融机构，以及金融控股公司，应当在总部或者集团层面统筹安排反洗钱工作。为履行反洗钱义务在公司内部、集团成员之间共享必要的反洗钱信息的，应当明确信息共享机制和程序。共享反洗钱信息，应当符合有关信息保护的法律规定，并确保相关信息不被用于反洗钱和反恐怖主义融资以外的用途。		本条为2024年《反洗钱法》重要新增条款。 　　本条规定的是金融机构总部统筹反洗钱工作和建立信息共享机制的要求。 　　本条强化了金融机构在总部或集团层面统筹安排反洗钱工作的责任，提出了明确信息共享机制和程序的要求。具体包括如下方面： 　　第一，明确在总部或集团层面统筹反洗钱工作的前提，要求在境内外设有分支机构或者控股其他金融机构的金融机构，以及金融控股公司履行本条规定的义务。 　　第二，明确共享反洗钱信息的机制和程序： 　　一是共享的范围是在公司内部、集团成员之间； 　　二是共享的对象，是对必要的反洗钱信息； 　　三是共享的机制和程序，对此应当由金融机构在总部或集团层面明确； 　　四是共享的反洗钱信息应当符合关于信息保护的法律规定要求。 　　本条的意义在于提升金融机构的反洗钱管理水平，确保信息和数据安全，提升反洗钱工作的效率和安全性。 　　相关法律法规：《民法典》《个人信息保护法》《金融机构客户身份识别和客户身份资料及交易记录保存管理办法》。
第三十八条 【配合客户尽职调查】与金融机构存在业务关系的单位和个人应当配合金融机构的客户尽职调查，提供真		本条为2024年《反洗钱法》重要新增条款。 　　本条规定的是配合客户尽职调查义务。其中，第一款规定的是单位和个人配合金融机构的客户尽职

续表

2024年《反洗钱法》	2006年《反洗钱法》	适用精解
实有效的身份证件或者其他身份证明文件，准确、完整填报身份信息，如实提供与交易和资金相关的资料。单位和个人拒不配合金融机构依照本法采取的合理的客户尽职调查措施的，金融机构按照规定的程序，可以采取限制或者拒绝办理业务、终止业务关系等洗钱风险管理措施，并根据情况提交可疑交易报告。		调查义务的具体内容；第二款规定的是单位和个人拒不配合时金融机构有权采取的措施。 本条第一款明确了对金融机构客户尽职调查配合义务的具体内容，主要包括： 第一，义务主体为与金融机构有业务关系的单位和个人。 第二，配合的主要内容： 一是提供真实有效的身份证件或者其他身份证明文件； 二是准确、完整填报身份信息； 三是如实提供与交易和资金相关的资料。 该义务的履行有助于提升金融机构识别和预防洗钱活动的能力。 第二款明确了金融机构在单位、个人拒不配合时可以采取的措施。具体包括： 第一，采取措施的前提，即金融机构依据《反洗钱法》采取了合理的客户尽职调查，单位和个人拒不配合。 第二，采取的具体措施，包括限制或者拒绝办理业务、终止业务关系等洗钱风险管理措施，并根据情况提交可疑交易报告。 第三，采取的措施应当依据规定的程序展开。 本条规定为金融机构提供了在单位、个人拒不配合时采取限制或者拒绝办理业务、终止业务关系、提交可疑交易报告等措施的法律依据，增强了金融机构履行尽职调查义务的能力。 相关法律法规：《金融机构大额交易和可疑交易报告管理办法》。

续表

2024年《反洗钱法》	2006年《反洗钱法》	适用精解
第三十九条 【洗钱风险管理措施的救济】单位和个人对金融机构采取洗钱风险管理措施有异议的，可以向金融机构提出。金融机构应当在十五日内进行处理，并将结果答复当事人；涉及客户基本的、必需的金融服务的，应当及时处理并答复当事人。相关单位和个人逾期未收到答复，或者对处理结果不满意的，可以向反洗钱行政主管部门投诉。 前款规定的单位和个人对金融机构采取洗钱风险管理措施有异议的，也可以依法直接向人民法院提起诉讼。		本条为2024年《反洗钱法》重要新增条款。 本条规定的是单位和个人对金融机构的洗钱风险管理措施的异议与救济制度。 本条第一款规定的是异议制度，具体包括： 第一，提起异议的主体包括单位和个人； 第二，提起异议的条件，相关主体对金融机构采取的洗钱风险管理措施有异议； 第三，处理异议的主体为金融机构自身； 第四，异议的处理时间。金融机构必须在十五日内处理并答复当事人； 第五，对于异议的救济机制。相关单位和个人逾期未收到答复，或者对处理结果不满意的，可以向反洗钱行政主管部门投诉。 本条第二款规定的是对异议的诉讼制度，明确了单位和个人除向金融机构提起异议及向反洗钱行政主管部门投诉的救济途径外，还可以直接向人民法院提起诉讼，以保护自己的合法权益。 本条第一款和第二款规定的救济途径之间不存在先后关系，二者是平行关系，对金融机构的洗钱风险管理措施有异议的当事人可以选择适用。 本条为单位和个人提供了对金融机构洗钱风险管理措施提出异议的多种救济途径，以确保客户的合法权益得到保护。 相关法律法规：《行政诉讼法》。

续表

2024 年《反洗钱法》	2006 年《反洗钱法》	适用精解
第四十条 【反洗钱特别预防措施】任何单位和个人应当按照国家有关机关要求对下列名单所列对象采取反洗钱特别预防措施： （一）国家反恐怖主义工作领导机构认定并由其办事机构公告的恐怖活动组织和人员名单； （二）外交部发布的执行联合国安理会决议通知中涉及定向金融制裁的组织和人员名单； （三）国务院反洗钱行政主管部门认定或者会同国家有关机关认定的，具有重大洗钱风险、不采取措施可能造成严重后果的组织和人员名单。 对前款第一项规定的名单有异议的，当事人可以依照《中华人民共和国反恐怖主义法》的规定申请复核。对前款第二项规定的名单有异议的，当事人可以按照有关程序提出从名单中除去的申请。对前款第三项规定的名单有异议的，当事人可以向作出认定的部门申请行政复议；对行政复议决定不服的，可以依法提起行政诉讼。 反洗钱特别预防措施包括立即停止向名单所列对象及其代理人、受其指使的组织和人员、其直接		本条为 2024 年《反洗钱法》重要新增条款。 本条规定的是反洗钱特别预防措施名单和反洗钱特别预防措施的内容，是对本法第六条规定的反洗钱特别预防措施的细化。 本条第一款列举了应当采取反洗钱特别预防措施的义务人和名单，具体包括： 第一，采取反洗钱特别预防措施的义务主体为任何单位和个人。 第二，采取反洗钱特别预防措施的名单包括三种： 一是国家反恐怖主义工作领导机构认定并由其办事机构公告的恐怖活动组织和人员名单； 二是外交部发布的执行联合国安理会决议通知中涉及定向金融制裁的组织和人员名单； 三是国务院反洗钱行政主管部门认定或者会同国家有关机关认定的，具有重大洗钱风险、不采取措施可能造成严重后果的组织和人员名单。 其中，第三项为兜底规定，对于具有重大洗钱风险、不采取措施可能造成严重后果的组织和人员，即使不在前两项的名单内，国务院反洗钱行政主管部门也可以独立认定或者会同国家有关机关认定，从而对之采取反洗钱特别预防措施。 本条第二款明确了对名单有异议的当事人，可以申请复核、提出除去申请、行政复议和行政诉讼等，以保护当事人的合法权益。根据不同的名单，本款具体规定了四种救济途径：

续表

2024年《反洗钱法》	2006年《反洗钱法》	适用精解
或者间接控制的组织提供金融等服务或者资金、资产，立即限制相关资金、资产转移等。 第一款规定的名单所列对象可以按照规定向国家有关机关申请使用被限制的资金、资产用于单位和个人的基本开支及其他必需支付的费用。采取反洗钱特别预防措施应当保护善意第三人合法权益，善意第三人可以依法进行权利救济。		一是对国家反恐怖主义工作领导机构认定并由其办事机构公告的恐怖活动组织和人员名单有异议的，当事人可以依照《反恐怖主义法》的规定申请复核。 二是对外交部发布的执行联合国安理会决议通知中涉及定向金融制裁的组织和人员名单有异议的，当事人可以按照有关程序提出从名单中除去的申请。 三是对国务院反洗钱行政主管部门认定或者会同国家有关机关认定的名单有异议的，当事人可以向作出认定的部门申请行政复议；对行政复议决定不服的，可以依法提起行政诉讼。 本条第三款详细列出了反洗钱特别预防措施的具体内容，主要包括两个方面： 一是立即停止向名单所列对象及其代理人、受其指使的组织和人员、其直接或者间接控制的组织提供金融等服务或者资金、资产； 二是立即限制相关资金、资产转移等。 这种详细列举增强了法律的可操作性。 本条第四款允许被采取特别预防措施的名单对象申请使用被限制的资金、资产用于基本开支及其他必需支付的费用，强调要保护善意第三人的合法权益，以确保措施的合理性和公平性。 本条适用于任何单位和个人，而非仅适用于金融机构和特定非金融机构，并与本法规定的法律责任相呼应，强化了对高风险对象

续表

2024年《反洗钱法》	2006年《反洗钱法》	适用精解
		的反洗钱措施，有助于确保金融安全，同时通过名单区别采取措施的做法，有助于提升反洗钱工作效率。 **相关法律法规：**《反恐怖主义法》《行政诉讼法》《行政复议法》。
第四十一条 【金融机构落实反洗钱特别预防措施的义务】金融机构应当识别、评估相关风险并制定相应的制度，及时获取本法第四十条第一款规定的名单，对客户及其交易对象进行核查，采取相应措施，并向反洗钱行政主管部门报告。		本条为2024年《反洗钱法》重要新增条款。 本条规定的是金融机构及时获取反洗钱特别预防措施名单并采取相应措施的义务。 第一，金融机构有义务及时获取《反洗钱法》第四十条第一款规定的应当采取反洗钱特别预防措施的名单。 第二，为及时取得应当采取反洗钱特别预防措施的名单，金融机构可以采取的措施包括识别、评估相关风险并制定相应的制度。 第三，金融机构获取反洗钱特别预防措施的名单，意在防范洗钱风险发生，对此，金融办机构应当依据名单对客户及其交易对象进行核查，采取相应措施，并向反洗钱行政主管部门报告。 本条规定的金融机构主动及时获取反洗钱特别预防措施名单并采取相应措施的义务，有助于督促金融机构积极履行反洗钱义务，防范金融风险的发生。这与此次反洗法修订所坚持的风险为本理念相一致。 **相关法律法规：**《金融机构客户身份识别和客户身份资料及交易记录保存管理办法》《金融机构反洗钱和反恐怖融资监督管理办法》。

续表

2024年《反洗钱法》	2006年《反洗钱法》	适用精解
第四十二条 【特定非金融机构的反洗钱义务】特定非金融机构在从事规定的特定业务时，参照本章关于金融机构履行反洗钱义务的相关规定，根据行业特点、经营规模、洗钱风险状况履行反洗钱义务。		本条为2024年《反洗钱法》重要新增条款。 本条规定的是特定非金融机构参照金融机构的相关规定履行反洗钱义务。 由于特定非金融机构与金融机构在反洗钱问题上既有相同之处，又存在不同之处，因此在参照金融机构履行反洗钱义务的相关规定时，应结合特定非金融机构的行业特点、经营规模、洗钱风险状况等，确定其反洗钱义务。对此，2024年第《反洗钱法》第十五条明确规定，国务院有关特定非金融机构主管部门可以单独制定，也可以由国务院反洗钱行政主管部门会同其制定特定非金融机构反洗钱管理规定，确定特定非金融机构等的反洗钱义务具体内容。 本条的新增扩展了反洗钱义务的主体范围，将特定非金融机构纳入了反洗钱监管体系。这一新增填补了特定非金融机构在反洗钱领域的监管空白，使得反洗钱监管更加全面和严密。
第四章 反洗钱调查	第四章 反洗钱调查	
第四十三条 【反洗钱调查的条件和程序】国务院反洗钱行政主管部门或者其设区的市级以上派出机构发现涉嫌洗钱的可疑交易活动或者违反本法规定的其他行为，需要调查核实的，经国务院反洗钱行政主管部门或者其设区的市级以上派出机构	第二十三条 国务院反洗钱行政主管部门或者其省一级派出机构发现可疑交易活动，需要调查核实的，可以向金融机构进行调查，金融机构应当予以配合，如实提供有关文件和资料。 调查可疑交易活动时，调查人员不得少于二	本条由2006年《反洗钱法》第二十三条修改而来。 本条第一款规定的是反洗钱行政主管部门及其派出机构的调查权；第二款规定的是特定非金融机构的协助义务；第三款规定的是金融机构、特定非金融机构的配合义务；第四款规定的是反洗钱调查的程序要求。 本条在内容上有以下变化：

续表

2024年《反洗钱法》	2006年《反洗钱法》	适用精解
负责人批准，可以向金融机构、特定非金融机构发出调查通知书，开展反洗钱调查。 反洗钱行政主管部门开展反洗钱调查，涉及特定非金融机构的，必要时可以请求有关特定非金融机构主管部门予以协助。 金融机构、特定非金融机构应当配合反洗钱调查，在规定时限内如实提供有关文件、资料。 开展反洗钱调查，调查人员不得少于二人，并应当出示**执法**证件和调查通知书；调查人员少于二人或者未出示**执法**证件和调查通知书的，金融机构、**特定非金融机构**有权拒绝接受调查。	人，并出示合法证件和国务院反洗钱行政主管部门或者其省一级派出机构出具的调查通知书。调查人员少于二人或者未出示合法证件和调查通知书的，金融机构有权拒绝调查。	一是调查主体的扩展，本条第一款中调查主体由"国务院反洗钱行政主管部门或者其省一级派出机构"变更为"国务院反洗钱行政主管部门或者其设区的市级以上派出机构"，扩大了可以进行调查的行政主管部门的级别范围，从省级扩展到了设区的市级。另外，调查主体行使调查权的前置程序是"经国务院反洗钱行政主管部门或者其设区的市级以上派出机构负责人批准"。 二是调查对象范围的扩展，本条第一款中调查对象由"金融机构"变更为"金融机构、特定非金融机构"，与前面的反洗钱义务主体的范围保持一致，提高了反洗钱监管的覆盖面。 三是调查内容的变化，本条第一款中调查内容由"可疑交易活动"变更为"涉嫌洗钱的可疑交易活动或者违反本法规定的其他行为"，扩大了调查的范围，有助于更全面地打击洗钱活动。 四是新增协助义务，本条第二款是新增内容，新增了非金融机构主管部门的协助义务，与本法确立的反洗钱工作协同监管理念相一致。 五是新增配合义务，本条第三款是新增内容，明确了金融机构、特定非金融机构配合调查、提供资料的义务。 六是调查程序的明确，本条第四款中对于出示执法证件和调查通知书增加了"应当"的要求，证件由"合法证件"变更为"执法证件"。依据第四款规定，开展

续表

2024 年《反洗钱法》	2006 年《反洗钱法》	适用精解
		反洗钱调查在程序方面应当注意： 第一，调查人员不得少于二人； 第二，调查人员进行调查时应当出示执法证件和调查通知书； 第三，调查人员少于二人或者未出示执法证件和调查通知书的，金融机构、特定非金融机构有权拒绝接受调查。 这些修改提高了调查工作的规范性和灵活性。 相关法律法规：《行政处罚法》。
第四十四条 【反洗钱调查措施】国务院反洗钱行政主管部门或者其设区的市级以上派出机构开展反洗钱调查，可以采取下列措施： （一）询问金融机构、特定非金融机构有关人员，要求其说明情况； （二）查阅、复制被调查对象的账户信息、交易记录和其他有关资料； （三）对可能被转移、隐匿、篡改或者毁损的文件、资料予以封存。 询问应当制作询问笔录。询问笔录应当交被询问人核对。记载有遗漏或者差错的，被询问人可以要求补充或者更正。被询问人确认笔录无误后，应当签名或者盖章；调查人员也应当在笔录上签名。 调查人员封存文件、	第二十四条 调查可疑交易活动，可以询问金融机构有关人员，要求其说明情况。 询问应当制作询问笔录。询问笔录应当交被询问人核对。记载有遗漏或者差错的，被询问人可以要求补充或者更正。被询问人确认笔录无误后，应当签名或者盖章；调查人员也应当在笔录上签名。 第二十五条 调查中需要进一步核查的，经国务院反洗钱行政主管部门或者其省一级派出机构的负责人批准，可以查阅、复制被调查对象的账户信息、交易记录和其他有关资料；对可能被转移、隐藏、篡改或者毁损的文件、资料，可以予以封存。	本条由 2006 年《反洗钱法》第二十四条和第二十五条修改而来。 本条规定的是反洗钱调查的具体措施。 本条第一款规定了可以采取的反洗钱调查措施，具体包括以下三种： 一是询问金融机构、特定非金融机构有关人员，要求其说明情况； 二是查阅、复制被调查对象的账户信息、交易记录和其他有关资料； 三是对可能被转移、隐匿、篡改或者毁损的文件、资料予以封存。 第二款规定了询问的程序。具体包括以下四项要求： 一是询问笔录。本款明确规定，询问应当制作询问笔录。 二是询问笔录的核对。对此，本款规定询问笔录应当交被询问人核对。

续表

2024年《反洗钱法》	2006年《反洗钱法》	适用精解
资料，应当会同金融机构、**特定非金融机构**的工作人员查点清楚，当场开列清单一式二份，由调查人员和金融机构、**特定非金融机构**的工作人员签名或者盖章，一份交金融机构**或者特定非金融机构**，一份附卷备查。	调查人员封存文件、资料，应当会同在场的金融机构工作人员查点清楚，当场开列清单一式二份，由调查人员和在场的金融机构工作人员签名或者盖章，一份交金融机构，一份附卷备查。	三是询问笔录的错漏的补充、更正。询问笔录的记载有遗漏或者差错的，被询问人可以要求补充或者更正。 四是询问笔录的签章。被询问人确认笔录无误后，应当签名或者盖章；调查人员也应当在笔录上签名。 　　本条第三款规定了封存的程序。具体包括： 　　一是封存的现场工作人员。调查人员封存文件、资料，应当会同金融机构、特定非金融机构的工作人员一起查点清楚。 　　二是封存的时间。应当当场封存。 　　三是封存的清单。应当开列清单一式二份，由调查人员和金融机构、特定非金融机构的工作人员签名或者盖章，一份交金融机构或者特定非金融机构，一份附卷备查。 　　相较于2006年《反洗钱法》，本条在内容上有以下变化： 　　一是采取反洗钱调查措施的主体的明确，本条第一款规定，可以采取措施的主体为"国务院反洗钱行政主管部门或者其设区的市级以上派出机构"。 　　二是询问对象的扩展，本条第一款第一项在2006年《反洗钱法》第二十五条的基础上，将询问对象从"金融机构"扩展到了"金融机构、特定非金融机构"。 　　三是措辞的修改，本条第一款第三项将2006年《反洗钱法》第二十五条中的"隐藏"修改为"隐匿"。

续表

2024年《反洗钱法》	2006年《反洗钱法》	适用精解
		四是关于封存措施的修改，本条第三款规定的配合封存措施的被调查对象工作人员由2006年《反洗钱法》第二十五条中的"在场的金融机构工作人员"变更为"金融机构、特定非金融机构的工作人员"。 本条合并了2006年《反洗钱法》的第二十四条和第二十五条，简化了语言表述，使法律文本更加精炼。 相关法律法规：《行政处罚法》《行政强制法》。
第四十五条 【线索移送、临时冻结】经调查仍不能排除洗钱嫌疑或者发现其他违法犯罪线索的，应当及时向有管辖权的机关移送。接受移送的机关应当按照有关规定反馈处理结果。 客户**转移**调查所涉及的账户资金的，国务院反洗钱行政主管部门认为必要时，经其负责人批准，可以采取临时冻结措施。 **接受移送**的机关接到**线索**后，对已依照前款规定临时冻结的资金，应当及时决定是否继续冻结。**接受移送**的机关认为需要继续冻结的，依照**相关法律**规定采取冻结措施；认为不需要继续冻结的，应当立即通知国务院反洗钱行政主管部门，国务院反洗钱行政主管部门应当立即通知金融机构解除冻结。	**第二十六条** 经调查仍不能排除洗钱嫌疑的，应当立即向有管辖权的侦查机关报案。客户要求将调查所涉及的账户资金转往境外的，经国务院反洗钱行政主管部门负责人批准，可以采取临时冻结措施。 侦查机关接到报案后，对已依照前款规定临时冻结的资金，应当及时决定是否继续冻结。侦查机关认为需要继续冻结的，依照刑事诉讼法的规定采取冻结措施；认为不需要继续冻结的，应当立即通知国务院反洗钱行政主管部门，国务院反洗钱行政主管部门应当立即通知金融机构解除冻结。 临时冻结不得超过四十八小时。金融机构在按照国务院反洗钱行政主管部门的要求采取临时冻结	本条由2006年《反洗钱法》第二十六条修改而来。 本条第一款规定的是反洗钱调查中的移送机制，具体包括三项内容： 一是移送的条件：经调查仍不能排除洗钱嫌疑或者发现其他违法犯罪线索。 二是移送的机关：应当及时向有管辖权的机关移送。 三是移送后的反馈机制。依据本款规定，接受移送的机关应当按照有关规定反馈处理结果 第二款规定的是临时冻结措施的启动要件，具体包括： 一是客户转移了调查所涉的账户资金； 二是国务院反洗钱行政主管部门认为必要； 三是国务院反洗钱行政主管部门负责人批准。 第三款规定的是接受移送的机关对临时冻结措施的处理机制，具体包括两个方面： 一是接受移送的机关对依照

续表

2024年《反洗钱法》	2006年《反洗钱法》	适用精解
临时冻结不得超过四十八小时。金融机构在按照国务院反洗钱行政主管部门的要求采取临时冻结措施后四十八小时内，未接到**国家有关机关**继续冻结通知的，应当立即解除冻结。	措施后四十八小时内，未接到侦查机关继续冻结通知的，应当立即解除冻结。	前款规定已临时冻结的资金，有权决定是否继续冻结； 二是是否继续冻结应当遵循的程序：如果接受移送的机关认为需要继续冻结的，依照相关法律规定采取冻结措施；如果认为不需要继续冻结的，应当立即通知国务院反洗钱行政主管部门，国务院反洗钱行政主管部门应当立即通知金融机构解除冻结。 第四款规定的是临时冻结措施的期限。依据本款规定，临时冻结不得超过四十八小时。金融机构在按照国务院反洗钱行政主管部门的要求，如《金融机构大额交易和可疑交易报告管理办法》，采取临时冻结措施后四十八小时内，未接到国家有关机关继续冻结通知的，应当立即解除冻结。 本条在内容上有以下变化： 一是对调查结果的处理方式由"报案"变更为"移送"，调查结果的接受机关由"有管辖权的侦查机关"变更为"有管辖权的机关"。 二是增加对其他违法犯罪线索的处理，除了"不能排除洗钱嫌疑"外，本条第一款增加了"发现其他违法犯罪线索"也属于应当移送的情形。 三是本条第一款新增了接受移送机关的反馈义务。 四是措辞的修改，本条第一款由"立即"修改为"及时"，第二款由"将调查所涉及的账户资金转往境外"修改为"转移调查所涉及的账户资金"。 五是修改启动临时冻结措施

续表

2024 年《反洗钱法》	2006 年《反洗钱法》	适用精解
		的要件，本条第二款新增"国务院反洗钱行政主管部门认为必要"这一要件。 　　六是修改采取冻结措施依照的法律，本条第三款由"刑事诉讼法"变更为"相关法律"，扩大了所依照的法律的范围，有助于提高冻结措施的规范性。 　　相关法律法规：《刑事诉讼法》《行政处罚法》《行政强制法》。
第五章　反洗钱国际合作	第五章　反洗钱国际合作	
第四十六条　【国际合作原则】中华人民共和国根据缔结或者参加的国际条约，或者按照平等互惠原则，开展反洗钱国际合作。	第二十七条　中华人民共和国根据缔结或者参加的国际条约，或者按照平等互惠原则，开展反洗钱国际合作。	本条由 2006 年《反洗钱法》第二十七条平移而来，在内容上未作修改。 　　本条规定的是我国开展反洗钱国际合作的法律基础，要么是依据缔结或者参加的国际条约，要么是平等互惠原则。
第四十七条　【各部门国际合作职责】国务院反洗钱行政主管部门根据国务院授权，**负责组织、协调反洗钱国际合作**，代表中国政府**参与有关国际组织活动，依法与境外相关机构**开展反洗钱合作，交换反洗钱信息。 　　**国家有关机关依法在职责范围内开展反洗钱国际合作。**	第二十八条　国务院反洗钱行政主管部门根据国务院授权，代表中国政府与外国政府和有关国际组织开展反洗钱合作，依法与境外反洗钱机构交换与反洗钱有关的信息和资料。	本条由 2006 年《反洗钱法》第二十八条修改而来。 　　本条第一款规定的是国务院反洗钱行政主管部门依国务院授权进行国际反洗钱合作，具体包括： 　　一是负责组织、协调反洗钱国际合作； 　　二是代表中国政府参与有关国际组织活动； 　　三是依法与境外相关机构开展反洗钱合作，交换反洗钱信息。 　　第二款规定的是国家有关机关依法在职责范围内开展反洗钱国际合作。 　　相较于 2006 年《反洗钱法》，本条第一款一是增加了"负责组织、协调反洗钱国际合作"，体现

续表

2024年《反洗钱法》	2006年《反洗钱法》	适用精解
		了国务院反洗钱行政主管部门更为主动地参与国际反洗钱合作；二是删除了"外国政府"，将"反洗钱机构"修改为"相关机构"，从含义上扩大了主管部门的合作范围，加大了反洗钱的力度。 本条第二款为新增规定，扩大了开展反洗钱国际合作的机关范围，为国家相关部门在职责范围内开展反洗钱国际合作提供法律依据。
第四十八条　【国际司法协助】涉及追究洗钱犯罪的司法协助，依照《中华人民共和国国际刑事司法协助法》以及有关法律的规定办理。	第二十九条　涉及追究洗钱犯罪的司法协助，由司法机关依照有关法律的规定办理。	本条由2006年《反洗钱法》第二十九条修改而来。 本条是涉及追究洗钱犯罪的司法协助规定，是一个引致规定，将《国际刑事司法协助法》及有关法律经由本条与洗钱犯罪的司法协助联系起来。 相较于2006年《反洗钱法》，本条删除了"司法机关"这一表述，改变了原来只能由司法机关依照相关法律进行司法协助的规定；同时，明确提出依照《国际刑事司法协助法》以及相关法律规定办理司法协助，规范了洗钱犯罪领域内国际刑事的司法协助程序，维护了国家司法主权。 相关法律法规：《国际刑事司法协助法》。
第四十九条　【境外金融机构配合调查】国家有关机关在依法调查洗钱和恐怖主义融资活动过程中，按照对等原则或者经与有关国家协商一致，可以要求在境内开立代理行账户或者与我国存在其他密切金融联系的境外金融机构予以配合。		本条为2024年《反洗钱法》重要新增条款。 本条规定了在我国境内开立代理行账户或与我国存在其他密切金融联系的境外金融机构的配合义务。 依据本条规定，国家有关机关在依法调查洗钱和恐怖主义融资活动时，可以依照对等原则或者通过协商要求相关境外金融机

续表

2024年《反洗钱法》	2006年《反洗钱法》	适用精解
		构予以配合。 本条规定的适用情形主要有二：一是国家有关机关依法调查洗钱活动；二是依法调查恐怖主义融资活动。 本条强调了国家有关机关在依照国际法中的对等原则或与相关国家协商一致后，可以要求在境内开立代理行账户或者与我国存在其他密切金融联系的境外金融机构予以配合，以强化对洗钱风险的应对。这也是我国制定法层面首次将"在境内开立代理行账户或者与我国存在其他密切金融联系的境外金融机构"明确为我国反洗钱国际合作的对象。 本条设计的目的是贯彻对等原则、协商一致原则，维护国家金融安全，为打击和遏制洗钱与恐怖主义融资活动提供法律依据与方法指引。
第五十条 【境外执法要求的处理】外国国家、组织违反对等、协商一致原则直接要求境内金融机构提交客户身份资料、交易信息、扣押、冻结、划转境内资金、资产，或者作出其他行动的，金融机构不得擅自执行，并应当及时向国务院有关金融管理部门报告。 除前款规定外，外国国家、组织基于合规监管的需要，要求境内金融机构提供概要性合规信息、经营信息等信息的，境内金融机构向国务院有关金		本条为2024年《反洗钱法》重要新增条款。 本条规定了金融机构的报告制度，具体包括两种情形：一种是报告后根据相关机关的指令行动；另一种是报告后可以直接行动。 本条第一款规定的是金融机构报告后应依据指令行动的情形，具体包括： 第一，本款适用的情形是外国国家、组织在违反对等原则、协商一致原则，直接要求境内金融机构提交客户身份资料、交易信息，扣押、冻结、划转境内资金、资产或者作出其他行动； 第二，金融机构的行为规则。本款明确限制境内金融机构的相

续表

2024 年《反洗钱法》	2006 年《反洗钱法》	适用精解
融管理部门和国家有关机关报告后可以提供或者予以配合。 前两款规定的资料、信息涉及重要数据和个人信息的，还应当符合国家数据安全管理、个人信息保护有关规定。		关行动，作为强制性条款，本款要求金融机构不得擅自执行外国国家、组织的要求，而是应当向国务院有关金融管理部门报告。 第三，金融机构在报告后如何行动，应根据相关机构的指令确定，不得直接行动。 本条第二款涉及合规监管问题时金融机构的报告义务。具体包括： 一是适用情形。即当外国国家、组织基于合规监管的需要而要求境内金融机构提供合规、经营信息。 二是提供的信息范围。依据本款规定，提供的信息应当是概要性的合规信息、经营信息。 三是境内金融机构向国务院有关金融管理部门和国家有关机关报告后，可以直接提供或者予以配合。 第三款是对前两款的重要数据、个人信息的保护性规定。依据本款规定，这些数据和信息的提供，还要符合国家数据安全管理和个人信息保护的相关法律规定。目的是通过相关法律法规的联动，强调在数据跨境流动时对重要数据和个人信息的保护。 相关法律法规：《个人信息保护法》。
第六章　法律责任	第六章　法律责任	
第五十一条　【监管部门工作人员违法责任】反洗钱行政主管部门和其他依法负有反洗钱监督管理职责的部门从事	第三十条　反洗钱行政主管部门和其他依法负有反洗钱监督管理职责的部门、机构从事反洗钱工作的人员有下列行为之一	本条由 2006 年《反洗钱法》第三十条修改而来。 本条是关于反洗钱行政主管部门及其他依法负有反洗钱监督管理职责的部门从事反洗钱工作的

续表

2024 年《反洗钱法》	2006 年《反洗钱法》	适用精解
反洗钱工作的人员有下列行为之一的，依法给予处分： （一）违反规定进行检查、调查或者采取临时冻结措施； （二）泄露因反洗钱知悉的国家秘密、商业秘密或者个人隐私、个人信息； （三）违反规定对有关机构和人员实施行政处罚； （四）其他不依法履行职责的行为。 **其他国家机关工作人员有前款第二项行为的，依法给予处分。**	的，依法给予行政处分： （一）违反规定进行检查、调查或者采取临时冻结措施的； （二）泄露因反洗钱知悉的国家秘密、商业秘密或者个人隐私的； （三）违反规定对有关机构和人员实施行政处罚的； （四）其他不依法履行职责的行为。	人员，不依法履行职责而应予处分的规定。 本条规定了应给予相关责任人员以处分的三种具体情形： 一是违反规定进行检查、调查或者采取临时冻结措施； 二是泄露因反洗钱知悉的国家秘密、商业秘密或者个人隐私、个人信息； 三是违反规定对有关机构和人员实施行政处罚； 四是其他不依法履行职责的行为。 从立法技术上来看，本条采列举+概括规定的模式，在第一款前三项具体列举违反职责的行为，便于操作；在第四项概括规定，增强法律的涵摄能力，以应对纷繁复杂的现实生活。 对于具体如何处分相关违法的工作人员，本法并未明确规定，而是应当依据本条引致到《行政处罚法》《刑法》等法律中去，依据这些法律确定违法的工作人员具体应当承担的法律责任。 本条主要有以下修改： 一是将"负有反洗钱监督管理职责的部门、机构"中的"机构"删除，使语言更为简洁、精炼； 二是将"行政处分"修改为"处分"，使对相关人员的处分不仅局限于行政处分； 三是在该条第二项中增加"个人信息"，突出强调了对个人信息的保护，相较于2006年《反洗钱法》，该项明确区分了隐私与个人信息，展现个人信息与隐私的不同法益价值；

续表

2024 年《反洗钱法》	2006 年《反洗钱法》	适用精解
		四是新增第二款，主要内容是其他国家机关工作人员有前款第二项行为应当依法给予处分。本款凸显对国家、商业秘密以及个人信息、隐私的保护，亦将责任主体有条件地扩大至其他国家机关工作人员。
第五十二条 【未落实内部控制制度的处罚】金融机构有下列情形之一的，由国务院反洗钱行政主管部门或者**其设区的市级**以上派出机构责令限期改正；**情节较重的，给予警告或者处二十万元以下罚款**；情节严重或者逾期未改正的，处二十万元以上二百万元以下罚款，可以根据情形在职责范围内或者建议有关金融管理部门限制或者禁止其开展相关业务： （一）未按照规定制定、完善反洗钱内部控制制度规范； （二）未按照规定设立专门机构或者指定内设机构**牵头**负责反洗钱工作； （三）未按照规定根据经营规模和洗钱风险状况配备相应人员； （四）未按照规定开展洗钱风险评估或者健全相应的风险管理制度； （五）未按照规定制定、完善可疑交易监测标准；	第三十一条 金融机构有下列行为之一的，由国务院反洗钱行政主管部门或者其授权的设区的市一级以上派出机构责令限期改正；情节严重的，建议有关金融监督管理机构依法责令金融机构对直接负责的董事、高级管理人员和其他直接责任人员给予纪律处分： （一）未按照规定建立反洗钱内部控制制度的； （二）未按照规定设立反洗钱专门机构或者指定内设机构负责反洗钱工作的； （三）未按照规定对职工进行反洗钱培训的。	本条由 2006 年《反洗钱法》第三十一条修改而来。 本条规定的是金融机构未按照本法第二十七条等规定履行反洗钱内部控制义务的法律责任。具体包括以下两个方面： 第一，明确适用本条规定的具体违法情形的类型，共有九种，具体包括：未按照规定制定、完善反洗钱内部控制制度规范；未按照规定设立专门机构或指定内设机构牵头负责反洗钱工作；未按照规定根据经营规模和洗钱风险状况配备相应人员；未按照规定开展洗钱风险评估或健全相应的风险管理制度；未按照规定制定、完善可疑交易监测标准；未按照规定开展反洗钱内部审计或社会审计；未按照规定开展反洗钱培训；应当建立反洗钱相关信息系统而未建立，或未按照规定完善反洗钱相关信息系统；金融机构的负责人未能有效履行反洗钱职责。 第二，采区分立场，根据违法情节的严重程度规定轻重不一的法律责任，具体分为三层： 一是一般情节的，责令限期改正； 二是情节较重的，给予警告或者处二十万元以下罚款； 三是情节严重或者逾期未改正

续表

2024年《反洗钱法》	2006年《反洗钱法》	适用精解
（六）未按照规定开展反洗钱内部审计或者社会审计； （七）未按照规定开展反洗钱培训； （八）应当建立反洗钱相关信息系统而未建立，或者未按照规定完善反洗钱相关信息系统； （九）金融机构的负责人未能有效履行反洗钱职责。		的，处二十万元以上二百万元以下罚款，可以根据情形在职责范围内或者建议有关金融管理部门限制或者禁止其开展相关业务 相较于2006年《反洗钱法》，本条主要有以下修改： 一是将"行为"修改为"情形"； 二是将"授权的设区的市一级以上派出机构"修改为"设区的市级以上派出机构"，该处修改扩大了本条有权处罚的主体，处罚权限不再局限于国务院反洗钱行政主管部门授权的设区的市一级以上派出机构； 三是区分情节轻重而规定不同责任，相较于2006年《反洗钱法》，此次修改增加了情节较重的情形，而后才是情节严重的情形。同时又增加"逾期未改正"情形和"情节严重"并列； 四是处罚机关除了可以根据不同情节处以罚款外，还可以根据不同情形在职责范围内或者建议有关金融管理部门限制或者禁止金融机构开展相关业务，将责任主体修改为金融机构本身，而不再单纯只处罚金融机构直接负责的董事、高级管理人员和其他直接责任人员，明确采双罚制，加大了处罚力度； 五是将原条文第一项中的"建立"改成"制定、完善"，新增了"规范"一词，用词更加准确；将第二项中的"反洗钱"删除，新增"牵头"负责，强调反洗钱专门机构的地位；将第三项平移至第七项，删除"对职工进行

续表

2024年《反洗钱法》	2006年《反洗钱法》	适用精解
		反洗钱培训"，直接改为"开展反洗钱培训"； 六是本条新增了第三项、第四项、第五项、第六项、第八项、第九项，明确规定金融机构违反法定义务应承担相应的法律责任，包括金融机构需按规定配备相应人员、进行洗钱风险评估、健全风险管理制度、监测相关交易、完善反洗钱相关信息系统以及金融机构负责人职责等防范反洗钱风险措施。 本条相较于2006年《反洗钱法》，内容更加完善，明确了金融机构不履行法定义务时应承担的法律责任；同时将之前的单罚制修改为双罚制，明确责任主体为金融机构，增加罚款和限制开展业务等处罚形式，加大对洗钱的处罚力度，增强了监测和遏制洗钱活动的能力。
第五十三条　【未落实反洗钱核心制度的处罚】金融机构有下列行为之一的，由国务院反洗钱行政主管部门或者**其设区的市级**以上派出机构责令限期改正，**可以给予警告或者处二十万元以下罚款**；情节严重**或者逾期未改正**的，处二十万元以上二百万元以下罚款： （一）未按照规定**开展客户尽职调查**； （二）未按照规定保存客户身份资料和交易记录；	**第三十二条第一款**　金融机构有下列行为之一的，由国务院反洗钱行政主管部门或者其授权的设区的市一级以上派出机构责令限期改正；情节严重的，处二十万元以上五十万元以下罚款，并对直接负责的董事、高级管理人员和其他直接责任人员，处一万元以上五万元以下罚款： （一）未按照规定履行客户身份识别义务的； （二）未按照规定保存客户身份资料和交易记录的；	本条由2006年《反洗钱法》第三十二条第一款修改而来。 本条规定的是金融机构开展业务活动中违反法定义务应承担的法律责任，是对本法第二十八条至第三十五条规定的金融机构反洗钱核心义务违反的处罚方式和罚款金额的细化规定，目的是依据金融机构的不同过错进行不同程度的处罚，增加国家对反洗钱的监督力度。具体包括以下两个方面： 第一，明确本条的法律责任具体适用于金融机构的四种违法情形，包括：未按照规定开展客户尽职调查；未按照规定保存客户身份资料和交易记录；未按照规定报告大额交易；未按照规定报告可疑交易。

续表

2024年《反洗钱法》	2006年《反洗钱法》	适用精解
（三）未按照规定报告大额交易； （四）未按照规定报告可疑交易。	（三）未按照规定报送大额交易报告或者可疑交易报告的； （四）与身份不明的客户进行交易或者为客户开立匿名账户、假名账户的； （五）违反保密规定，泄露有关信息的； （六）拒绝、阻碍反洗钱检查、调查的； （七）拒绝提供调查材料或者故意提供虚假材料的。	第二，亦采区分立场，根据违法情节的严重程度规定轻重不一的法律责任，具体分为三层： 一是一般情节的，责令限期改正； 二是情节较重的，给予警告或者处二十万元以下罚款； 三是情节严重或者逾期未改正的，处二十万元以上二百万元以下罚款。 相较于2006年《反洗钱法》，本条主要有以下修改： 一是将"授权的设区的市一级以上派出机构"修改为"设区的市级以上派出机构"，该处修改扩大了本条有权处罚的主体，处罚权限不再局限于授权的设区的市一级以上机构； 二是加大了处罚力度，在责令限期改正的同时，可以予以警告或处以二十万元以下罚款，对于情节严重或逾期未改正的，上调了罚款幅度，将原先的二十万元至五十万元区间的罚款上调至二十万元至二百万元； 三是将该条的责任主体由对金融机构直接负责的董事、高级管理人员和其他直接责任人员变更为金融机构； 四是增加了金融机构职责，相较于2006年《反洗钱法》，仅要求履行客户身份识别义务，而本条第一项要求金融机构按照规定开展客户尽职调查，为防范反洗钱而完善信息。同时将原本2006年《反洗钱法》中本款的第三项拆分为本条第三项、第四项，更为精细明确。 **相关法律法规**：《金融机构大额交易和可疑交易报告管理办法》。

续表

2024年《反洗钱法》	2006年《反洗钱法》	适用精解
第五十四条 【其他违反反洗钱义务的处罚】金融机构有下列行为之一的，由国务院反洗钱行政主管部门或者其设区的市级以上派出机构责令限期改正，处五十万元以下罚款；情节严重的，处五十万元以上五百万元以下罚款，可以根据情形在职责范围内或者建议有关金融管理部门限制或者禁止其开展相关业务： （一）为身份不明的客户提供服务、与其进行交易，为客户开立匿名账户、假名账户，或者为冒用他人身份的客户开立账户； （二）未按照规定对洗钱高风险情形采取相应洗钱风险管理措施； （三）未按照规定采取反洗钱特别预防措施； （四）违反保密规定，查询、泄露有关信息； （五）拒绝、阻碍反洗钱监督管理、调查，或者故意提供虚假材料； （六）篡改、伪造或者无正当理由删除客户身份资料、交易记录； （七）自行或者协助客户以拆分交易等方式故意逃避履行反洗钱义务。		本条由2006年《反洗钱法》第三十二条第一款修改而来。 本条与本法第五十三条规定的都是金融机构开展业务活动中违反法定义务应承担的法律责任，是对本法第二十八条至第三十五条规定的金融机构反洗钱核心义务违反的处罚方式和罚款金额的细化规定，目的是依据金融机构的不同过错进行不同程度的处罚，增加国家对反洗钱的监督力度。具体包括如下两个方面： 第一，明确本条的法律责任具体适用于金融机构的七种违法情形，包括：为身份不明的客户提供服务、与其进行交易，为客户开立匿名账户、假名账户，或者为冒用他人身份的客户开立账户；未按照规定对洗钱高风险情形采取相应洗钱风险管理措施；未按照规定采取反洗钱特别预防措施；违反保密规定，查询、泄露有关信息；拒绝、阻碍反洗钱监督管理、调查，或者提供虚假材料；篡改、伪造或者无正当理由删除客户身份资料、交易记录；自行或者协助客户以拆分交易等方式故意逃避履行反洗钱义务。 第二，亦采区分立场，根据违法情节的严重程度规定轻重不一的法律责任，具体分为二层： 一是一般情节的，责令限期改正，处五十万元以下罚款； 二是情节严重的，处五十万元以上五百万元以下罚款，可以根据情形在职责范围内或者建议有关金融管理部门限制或者禁止其开展相关业务。 相较于2006年《反洗钱法》，本条主要有以下修改：

续表

2024年《反洗钱法》	2006年《反洗钱法》	适用精解
		一是增加原第三十二条第一款中的第四项、第五项、第六项、第七项金融机构行为的处罚力度。亦即，一般情形责令限期改正，处五十万元以下罚款；情节严重的，处五十万元以上五百万元以下罚款，可以根据情形在职责范围内或者建议有关金融管理部门限制或者禁止其开展相关业务； 二是增加"为身份不明的客户提供服务""为冒用他人身份的客户开立账户""查询"以及"监督管理"，从而提高了对金融机构的监管要求； 三是增加了第二项、第三项、第六项、第七项内容，主要是对金融机构违反规定未采取相应洗钱风险管理措施、反洗钱特别预防措施、侵犯客户身份资料、交易记录及故意逃避履行反洗钱义务时的法律责任。
第五十五条 【致使发生洗钱或恐怖融资后果的处罚】金融机构有本法第五十三条、第五十四条规定的行为，致使犯罪所得及其收益通过本机构得以掩饰、隐瞒的，或者致使恐怖主义融资后果发生的，由国务院反洗钱行政主管部门或者其设区的市级以上派出机构责令限期改正，涉及金额不足一千万元的，处五十万元以上一千万元以下罚款；涉及金额一千万元以上的，处涉及金额百分之二十以上二倍以下罚款；情	第三十二条第二款 金融机构有前款行为，致使洗钱后果发生的，处五十万元以上五百万元以下罚款，并对直接负责的董事、高级管理人员和其他直接责任人员处五万元以上五十万元以下罚款；情节特别严重的，反洗钱行政主管部门可以建议有关金融监督管理机构责令停业整顿或者吊销其经营许可证。	本条由2006年《反洗钱法》第三十二条第二款修改而来。 本条适用的条件有二：一是金融机构有本法第五十三条、第五十四条规定的行为； 二是违法行为致使犯罪所得及其收益通过本机构得以掩饰、隐瞒的，或者致使恐怖主义融资后果发生。 本条规定的法律责任根据情节严重程度区分为二层：一是一般情节的，责令限期改正，涉及金额不足一千万元的，处五十万元以上一千万元以下罚款；涉及金额一千万元以上的，处涉及金额百分之二十以上二倍以下罚款； 二是情节严重的，可以根据

续表

2024年《反洗钱法》	2006年《反洗钱法》	适用精解
节严重的，可以**根据情形在职责范围内实施或者建议有关金融管理部门实施限制、禁止其开展相关业务，或者**责令停业整顿、吊销经营许可证**等处罚。**		情形在职责范围内实施或者建议有关金融管理部门实施限制、禁止其开展相关业务，或者责令停业整顿、吊销经营许可证等处罚。 相较于2006年《反洗钱法》，本条主要修改内容有： 一是将原本的"洗钱"后果调整为"犯罪所得及其收益通过本机构得以掩饰、隐瞒，或者致使恐怖主义融资"后果，使本条的适用不只局限在洗钱，更是与此次遏制恐怖主义目的相呼应； 二是明确作出处罚的主体为国务院反洗钱行政主管部门或者其设区的市级以上派出机构； 三是调整了处罚对象与处罚幅度和基准。处罚对象由直接负责的董事、高级管理人员和其他直接责任人员变更为金融机构；处罚金额根据具体情形而存在不同，涉及金额不足一千万元的，处五十万元以上一千万元以下罚款；涉及金额一千万元以上的，处涉及金额百分之二十以上二倍以下罚款，这种处理使得罚款与违法行为的严重程度更加匹配； 四是放宽处罚范围，将"情节特别严重"修改为"情节严重"，并在原本情节严重适用后果的基础上增加"限制、禁止其开展相关业务"的措施，而建议的对象也扩张为"有关金融管理部门"，不再限于"金融监督管理机构"。

续表

2024年《反洗钱法》	2006年《反洗钱法》	适用精解
		本条加重处罚力度，可以更有效地打击洗钱犯罪，维护金融市场的稳定和安全。
第五十六条 【对金融机构相关责任人员的处罚】国务院反洗钱行政主管部门或者其设区的市级以上派出机构依照本法第五十二条至第五十四条规定对金融机构进行处罚的，还可以根据情形对负有责任的董事、监事、高级管理人员或者其他直接责任人员，给予警告或者处二十万元以下罚款；情节严重的，可以根据情形在职责范围内实施或者建议有关金融管理部门实施取消其任职资格、禁止其从事有关金融行业工作等处罚。 国务院反洗钱行政主管部门或者其设区的市级以上派出机构依照本法第五十五条规定对金融机构进行处罚的，还可以根据情形对负有责任的董事、监事、高级管理人员或者其他直接责任人员，处二十万元以上一百万元以下罚款；情节严重的，可以根据情形在职责范围内实施或者建议有关金融管理部门实施取消其任职资格、禁止其从事有关金融行业工作等处罚。	第三十二条 金融机构有下列行为之一的，由国务院反洗钱行政主管部门或者其授权的设区的市一级以上派出机构责令限期改正；情节严重的，处二十万元以上五十万元以下罚款，并对直接负责的董事、高级管理人员和其他直接责任人员，处一万元以上五万元以下罚款： （一）未按照规定履行客户身份识别义务的； （二）未按照规定保存客户身份资料和交易记录的； （三）未按照规定报送大额交易报告或者可疑交易报告的； （四）与身份不明的客户进行交易或者为客户开立匿名账户、假名账户的； （五）违反保密规定，泄露有关信息的； （六）拒绝、阻碍反洗钱检查、调查的； （七）拒绝提供调查材料或者故意提供虚假材料的。 金融机构有前款行为，致使洗钱后果发生的，处五十万元以上五百	本条由2006年《反洗钱法》第三十二条修改而来。 本条是关于金融机构董事、监事、高级管理人员或者其他直接责任人员违反《反洗钱法》第五十二条至第五十四条规定义务时的法律责任的规定。 本条适用的条件有二： 一是国务院反洗钱行政主管部门或者其设区的市级以上派出机构依照本法第五十二条至第五十四条规定对金融机构进行处罚； 二是被处罚金融机构的董事、监事、高级管理人员或者其他直接责任人员对金融机构被处罚负有责任。 本条规定的法律责任根据情节严重程度区分为二层： 一是一般情节，给予警告或者处二十万元以下罚款； 二是情节严重的，可以根据情形在职责范围内实施或者建议有关金融管理部门实施取消其任职资格、禁止其从事有关金融行业工作等处罚。 相较于2006年《反洗钱法》，本条加大了对金融机构相关自然人的处罚力度，以更好地适应反洗钱工作的需要。 本条第一款规定的对上述人员的处罚与本法第五十二条至第五十四条规定的金融机构的法律责

续表

2024年《反洗钱法》	2006年《反洗钱法》	适用精解
前两款规定的金融机构董事、监事、高级管理人员或者其他直接责任人员能够证明自己已经勤勉尽责采取反洗钱措施的，可以不予处罚。	万元以下罚款，并对直接负责的董事、高级管理人员和其他直接责任人员处五万元以上五十万元以下罚款；情节特别严重的，反洗钱行政主管部门可以建议有关金融监督管理机构责令停业整顿或者吊销其经营许可证。 对有前两款规定情形的金融机构直接负责的董事、高级管理人员和其他直接责任人员，反洗钱行政主管部门可以建议有关金融监督管理机构依法责令金融机构给予纪律处分，或者建议依法取消其任职资格、禁止其从事有关金融行业工作。给予纪律处分，或者建议依法取消其任职资格、禁止其从事有关金融行业工作。	任相衔接，是此次修订所采取的双罚制的体现，要求国务院反洗钱行政主管部门或其设区的市级以上派出机构依照本法第五十二条至第五十四条规定对金融机构进行处罚的同时，根据情形对相关责任人员进行处罚，以增强处罚的效果。与2006年《反洗钱法》相比，本款将金融机构的监事纳入处罚对象当中，同时增加处罚方式，如警告、罚款。 值得注意的是，本条第三款是新增条款，为过错推定原则的体现，也即上述人员被推定有过错，除非其证明自己已经履行勤勉尽责义务，否则予以处罚。这里关于勤勉尽责义务是否已经履行的判断标准，与《公司法》的规定一致。
第五十七条 【违反阻却、境外配合调查要求的处罚】金融机构违反本法第五十条规定擅自采取行动的，由国务院有关金融管理部门处五十万元以下罚款；情节严重的，处五十万元以上五百万元以下罚款；造成损失的，并处所造成直接经济损失一倍以上五倍以下罚款。对负有责任的董事、监事、高级管理人员或者其他直接责任人员，可以由国务院有关金融管理部		本条为2024年《反洗钱法》重要新增条款。 本条规定了反洗钱国际合作中金融机构、负有责任的董事、监事、高级管理人员或其他直接责任人员违法擅自行动以及境外金融机构在相关机关进行调查时违反法律不予配合的法律责任。 本条第一款规定了金融机构违反《反洗钱法》第五十条擅自采取行动的法律责任。 其中，关于金融机构的法律责任包括两层： 一是一般情节，处五十万元以下罚款；

续表

2024年《反洗钱法》	2006年《反洗钱法》	适用精解
门给予警告或者处五十万元以下罚款。 境外金融机构违反本法第四十九条规定，对国家有关机关的调查不予配合的，由国务院反洗钱行政主管部门依照本法第五十四条、第五十六条规定进行处罚，并可以根据情形将其列入本法第四十条第一款第三项规定的名单。		二是情节严重的，处五十万元以上五百万元以下罚款； 三是造成损失的，并处所造成直接经济损失一倍以上五倍以下罚款。 关于负有责任的董事、监事、高级管理人员或者其他直接责任人员，可以给予警告或者处五十万元以下罚款。 第二款规定了境外金融机构违反《反洗钱法》第四十九条拒不配合调查的法律责任。若境外金融机构违反《反洗钱法》第四十九条规定，对国家有关机关的调查不予配合的，由国务院反洗钱行政主管部门依照本法第五十四条、第五十六条规定进行处罚，并可以根据情形将其列入本法第四十条第一款第三项规定的名单。 这就明确了《反洗钱法》的域外适用效力，规定了对等原则下境外金融机构的配合调查义务及罚则，为不对等情形下应对境外反洗钱长臂管辖提供了法律依据。 本条对于深化反洗钱国际治理与合作具有重要意义。
第五十八条 【对特定非金融机构的处罚】特定非金融机构违反本法规定的，由有关特定非金融机构主管部门责令限期改正；情节较重的，给予警告或者处五万元以下罚款；情节严重或者逾期未改正的，处五万元以上五十万元以下罚款；对有关负责人，可以给予警告或者处五万元以下罚款。		本条为2024年《反洗钱法》重要新增条款。 本条是关于特定非金融机构及其相关负责人的法律责任。 本条适用的条件是特定非金融机构违反《反洗钱法》规定。本条规定的处罚主体是有关特定非金融机构主管部门，责任主体包括特定非金融机构与有关负责人。关于前者的法律责任可以根据情节严重程度区分为三层：一是一般情节的，责令限期改正；

续表

2024年《反洗钱法》	2006年《反洗钱法》	适用精解
		二是情节较重的，给予警告或者处五万元以下罚款；三是情节严重或者逾期未改正的，处五万元以上五十万元以下罚款。关于后者，可以给予警告或者处五万元以下罚款。 本条将特定非金融机构的法律责任单列出来，强调了特定非金融机构的反洗钱义务，凸显了特定非金融机构在反洗钱工作中的重要地位和作用。
第五十九条 【违反反洗钱特别预防措施的处罚】金融机构、特定非金融机构以外的单位和个人未依照本法第四十条规定履行反洗钱特别预防措施义务的，由国务院反洗钱行政主管部门或者其设区的市级以上派出机构责令限期改正；情节严重的，对单位给予警告或者处二十万元以下罚款，对个人给予警告或者处五万元以下罚款。		本条为2024年《反洗钱法》重要新增条款。 本条规定了金融机构、特定非金融机构以外的单位和个人未履行反洗钱特别预防措施义务的法律责任。 本条规定的处罚主体是国务院反洗钱行政主管部门或者其设区的市级以上派出机构；责任主体是金融机构、特定非金融机构以外的单位和个人。适用的条件是未依照《反洗钱法》第四十条规定履行反洗钱特别预防措施义务。本条规定的法律责任根据情节严重程度区分为二层： 一是一般情节的，责令限期改正； 二是情节严重的，对单位给予警告或者处二十万元以下罚款，对个人给予警告或者处五万元以下罚款。 本条是对社会公众履行反洗钱特别预防措施义务的规定，有利于反洗钱工作的展开。

续表

2024年《反洗钱法》	2006年《反洗钱法》	适用精解
第六十条 【违反受益所有人信息管理规定的处罚】法人、非法人组织未按照规定向登记机关提交受益所有人信息的，由登记机关责令限期改正；拒不改正的，处五万元以下罚款。向登记机关提交虚假或者不实的受益所有人信息，或者未按照规定及时更新受益所有人信息的，由国务院反洗钱行政主管部门或者其设区的市级以上派出机构责令限期改正；拒不改正的，处五万元以下罚款。		本条为2024年《反洗钱法》重要新增条款。 本条规定了法人、非法人组织违反登记受益所有人信息这一义务的法律责任。 本条规定的处罚主体是登记机关；责任主体是相关法人和非法人组织。法律责任需要区分两种情形：一种是法人、非法人组织未按照规定向登记机关提交受益所有人信息的；另一种是向登记机关提交虚假或者不实的受益所有人信息，或者未按照规定及时更新受益所有人信息。 对于前者的法律责任，依据情节的严重程度区分两层：一是一般情节的，责令限期改正；二是拒不改正的，处五万元以下罚款。 对于后者的法律责任，亦是依据情节的严重程度区分两层：一是一般情节的，责令限期改正；二是拒不改正的，处五万元以下罚款。 本条明确了违反登记受益所有人信息义务的法律责任，有助于反洗钱工作准确高效地开展。
第六十一条 【制定处罚裁量基准】国务院反洗钱行政主管部门应当综合考虑金融机构的经营规模、内部控制制度执行情况、勤勉尽责程度、违法行为持续时间、危害程度以及整改情况等因素，制定本法相关行政处罚裁量基准。		本条为2024年《反洗钱法》重要新增条款。 本条是关于制定《反洗钱法》行政处罚裁量基准的规定。 本条授权国务院反洗钱行政主管部门制定行政处罚裁量基准。对于行政处罚裁量基准的制定，国务院反洗钱行政主管部门应当综合考虑金融机构的经营规模、内部控制制度执行情况、勤勉尽责程度、违法行为持续时间、危害程度以及整改情况等因素。

续表

2024年《反洗钱法》	2006年《反洗钱法》	适用精解
第六十二条 【刑事责任的衔接】违反本法规定，构成犯罪的，依法追究刑事责任。 利用金融机构、特定非金融机构实施或者通过非法渠道实施洗钱犯罪的，依法追究刑事责任。	第三十三条 违反本法规定，构成犯罪的，依法追究刑事责任。	本条由2006年《反洗钱法》第三十三条修改而来。 本条是关于洗钱犯罪的刑事责任规定。 本条不能直接作为定罪量刑的依据，而是作为引致规范，与《刑法》等建立联系，由后者认定相应行为的刑事责任。 本条第一款未作修改。 本条第二款是新增规定，明确了利用金融机构、特定非金融机构，以及通过非法渠道实施洗钱犯罪的，应当依法承担刑事责任。 相关关法律法规：《刑法》。
第七章 附 则	第七章 附 则	
第六十三条 【履行金融机构反洗钱义务的范围】在境内设立的下列机构，履行本法规定的金融机构反洗钱义务： （一）银行业、证券基金期货业、保险业、信托业金融机构； （二）非银行支付机构； （三）国务院反洗钱行政主管部门确定并公布的其他从事金融业务的机构。	第三十四条 本法所称金融机构，是指依法设立的从事金融业务的政策性银行、商业银行、信用合作社、邮政储汇机构、信托投资公司、证券公司、期货经纪公司、保险公司以及国务院反洗钱行政主管部门确定并公布的从事金融业务的其他机构。	本条由2006年《反洗钱法》第三十四条修改而来。 本条对负有反洗钱义务的金融机构作了"列举+概括式"的规定。由原来列举的"政策性银行、商业银行、信用合作社、邮政储汇机构、信托投资公司、证券公司、期货经纪公司、保险公司"及"其他机构"变更为三类： 一是银行业、证券基金期货业、保险业、信托业金融机构； 二是非银行支付机构； 三是国务院反洗钱行政主管部门确定并公布的其他从事金融业务的机构。 相较于2006年《反洗钱法》的规定，本条明确规定非银行支付机构等属于本法规定的金融机构范围，以适应金融机构不断变化发展的实践，强化包括非银行支付机构等金融机构在反洗钱行

续表

2024年《反洗钱法》	2006年《反洗钱法》	适用精解
		动中的责任。另外，结合新近发布的《非银行支付机构监督管理条例》等，可以预计我国将持续强化对支付行业的反洗钱履职监管。
第六十四条 【履行特定非金融机构反洗钱义务的范围】在境内设立的下列机构，履行本法规定的特定非金融机构反洗钱义务： （一）提供房屋销售、房屋买卖经纪服务的房地产开发企业或者房地产中介机构； （二）接受委托为客户办理买卖不动产，代管资金、证券或者其他资产，代管银行账户、证券账户，为成立、运营企业筹措资金以及代理买卖经营性实体业务的会计师事务所、律师事务所、公证机构； （三）从事规定金额以上贵金属、宝石现货交易的交易商； （四）国务院反洗钱行政主管部门会同国务院有关部门根据洗钱风险状况确定的其他需要履行反洗钱义务的机构。	第三十五条 应当履行反洗钱义务的特定非金融机构的范围、其履行反洗钱义务和对其监督管理的具体办法，由国务院反洗钱行政主管部门会同国务院有关部门制定。	本条由2006年《反洗钱法》第三十五条修改而来。 本条明确了具有反洗钱义务的特定非金融机构的范围，具体包括三类，以与《反洗钱法》关于特定非金融机构的反洗钱义务的履行、监管、法律责任等规定相衔接，有助于反洗钱工作的开展。 本条在《中国人民银行办公厅关于加强特定非金融机构反洗钱监管工作的通知》的基础上采用列举加兜底的方式规定了承担反洗钱义务的特定非金融机构： 一是提供房屋销售、房屋买卖经纪服务的房地产开发企业或者房地产中介机构； 二是接受委托为客户办理买卖不动产，代管资金、证券或者其他资产，代管银行账户、证券账户，为成立、运营企业筹措资金以及代理买卖经营性实体业务的会计师事务所、律师事务所、公证机构； 三是从事规定金额以上贵金属、宝石现货交易的交易商； 四是国务院反洗钱行政主管部门会同国务院有关部门根据洗钱风险状况确定的其他需要履行反洗钱义务的机构。 与前述《关于加强特定非金融机构反洗钱监管工作的通知》相比，本条增加了"宝石现货交易商"，删除了"贵金属交易场所"

续表

2024年《反洗钱法》	2006年《反洗钱法》	适用精解
		"公司服务提供商",并且给"贵金属、宝石现货交易商"设定了"规定金额以上的"条件。 相关法律法规:《中国人民银行办公厅关于加强特定非金融机构反洗钱监管工作的通知》。
	第三十六条 对涉嫌恐怖活动资金的监控适用本法;其他法律另有规定的,适用其规定。	2006年《反洗钱法》第三十六条已被删除。 2024年《反洗钱法》第二条第二款已规定:"预防恐怖主义融资活动适用本法;其他法律另有规定的,适用其规定。"
第六十五条 【施行日期】本法自2025年1月1日起施行。	第三十七条 本法自2007年1月1日起施行。	2024年《反洗钱法》施行时间为2025年1月1日。

中华人民共和国反洗钱法

（2006年10月31日第十届全国人民代表大会常务委员会第二十四次会议通过　2024年11月8日第十四届全国人民代表大会常务委员会第十二次会议修订　2024年11月8日中华人民共和国主席令第38号公布　自2025年1月1起施行）

第一章　总　　则

第一条　为了预防洗钱活动，遏制洗钱以及相关犯罪，加强和规范反洗钱工作，维护金融秩序、社会公共利益和国家安全，根据宪法，制定本法。

第二条　本法所称反洗钱，是指为了预防通过各种方式掩饰、隐瞒毒品犯罪、黑社会性质的组织犯罪、恐怖活动犯罪、走私犯罪、贪污贿赂犯罪、破坏金融管理秩序犯罪、金融诈骗犯罪和其他犯罪所得及其收益的来源、性质的洗钱活动，依照本法规定采取相关措施的行为。

预防恐怖主义融资活动适用本法；其他法律另有规定的，适用其规定。

第三条　反洗钱工作应当贯彻落实党和国家路线方针政策、决策部署，坚持总体国家安全观，完善监督管理体制机制，健全风险防控体系。

第四条　反洗钱工作应当依法进行，确保反洗钱措施与洗钱风险相适应，保障正常金融服务和资金流转顺利进行，维护单位和个人的合法权益。

第五条　国务院反洗钱行政主管部门负责全国的反洗钱监督管理工作。国务院有关部门在各自的职责范围内履行反洗钱监督管理职责。

国务院反洗钱行政主管部门、国务院有关部门、监察机关和司法机关在反洗钱工作中应当相互配合。

第六条　在中华人民共和国境内（以下简称境内）设立的金融机构和依照本法规定应当履行反洗钱义务的特定非金融机构，应当依法采取预防、监控措施，建立健全反洗钱内部控制制度，履行客户尽职调查、客户身份资料和交易记录保存、大额交易和可疑交易报告、反洗钱特别预防措施等反洗钱义务。

第七条　对依法履行反洗钱职责或者义务获得的客户身份资料和交易信息、反洗钱调查信息等反洗钱信息，应当予以保密；非依法律规定，不得向任何单位和个人提供。

反洗钱行政主管部门和其他依法负有反洗钱监督管理职责的部门履行反洗钱职责获得的客户身份资料和交易信息，只能用于反洗钱监督管理和行政调查工作。

司法机关依照本法获得的客户身份资料和交易信息，只能用于反洗钱相关刑事诉讼。

国家有关机关使用反洗钱信息应当依法保护国家秘密、商业秘密和个人隐私、个人信息。

第八条　履行反洗钱义务的机构及其工作人员依法开展提交大额交易和可疑交易报告等工作，受法律保护。

第九条　反洗钱行政主管部门会同国家有关机关通过多种形式开展反洗钱宣传教育活动，向社会公众宣传洗钱活动的违法性、危害性及其表现形式等，增强社会公众对洗钱活动的防范意识和识别能力。

第十条　任何单位和个人不得从事洗钱活动或者为洗钱活动提供便利，并应当配合金融机构和特定非金融机构依法开展的客户尽职调查。

第十一条　任何单位和个人发现洗钱活动，有权向反洗钱行政主管部门、公安机关或者其他有关国家机关举报。接受举报的机关应当对举报人和举报内容保密。

对在反洗钱工作中做出突出贡献的单位和个人，按照国家有关规定给予表彰和奖励。

第十二条　在中华人民共和国境外（以下简称境外）的洗钱和恐怖主义融资活动，危害中华人民共和国主权和安全，侵犯中华人民共和国公民、法人和其他组织合法权益，或者扰乱境内金融秩序的，依照本法以及相关法律规定处理并追究法律责任。

第二章　反洗钱监督管理

第十三条　国务院反洗钱行政主管部门组织、协调全国的反洗钱工作，负责反洗钱的资金监测，制定或者会同国务院有关金融管理部门制定金融机构反洗钱管理规定，监督检查金融机构履行反洗钱义务的情况，在职责范围内调查可疑交易活动，履行法律和国务院规定的有关反洗钱的其他职责。

国务院反洗钱行政主管部门的派出机构在国务院反洗钱行政主管部门的授权范围内，对金融机构履行反洗钱义务的情况进行监督检查。

第十四条 国务院有关金融管理部门参与制定所监督管理的金融机构反洗钱管理规定，履行法律和国务院规定的有关反洗钱的其他职责。

有关金融管理部门应当在金融机构市场准入中落实反洗钱审查要求，在监督管理工作中发现金融机构违反反洗钱规定的，应当将线索移送反洗钱行政主管部门，并配合其进行处理。

第十五条 国务院有关特定非金融机构主管部门制定或者国务院反洗钱行政主管部门会同其制定特定非金融机构反洗钱管理规定。

有关特定非金融机构主管部门监督检查特定非金融机构履行反洗钱义务的情况，处理反洗钱行政主管部门提出的反洗钱监督管理建议，履行法律和国务院规定的有关反洗钱的其他职责。有关特定非金融机构主管部门根据需要，可以请求反洗钱行政主管部门协助其监督检查。

第十六条 国务院反洗钱行政主管部门设立反洗钱监测分析机构。反洗钱监测分析机构开展反洗钱资金监测，负责接收、分析大额交易和可疑交易报告，移送分析结果，并按照规定向国务院反洗钱行政主管部门报告工作情况，履行国务院反洗钱行政主管部门规定的其他职责。

反洗钱监测分析机构根据依法履行职责的需要，可以要求履行反洗钱义务的机构提供与大额交易和可疑交易相关的补充信息。

反洗钱监测分析机构应当健全监测分析体系，根据洗钱风险状况有针对性地开展监测分析工作，按照规定向履行反洗钱义务的机构反馈可疑交易报告使用情况，不断提高监测分析水平。

第十七条 国务院反洗钱行政主管部门为履行反洗钱职责，可以从国家有关机关获取所必需的信息，国家有关机关应当依法提供。

国务院反洗钱行政主管部门应当向国家有关机关定期通报反洗钱工作情况，依法向履行与反洗钱相关的监督管理、行政调查、监察调查、刑事诉讼等职责的国家有关机关提供所必需的反洗钱信息。

第十八条 出入境人员携带的现金、无记名支付凭证等超过规定金额的，应当按照规定向海关申报。海关发现个人出入境携带的现金、无记名支付凭证等超过规定金额的,应当及时向反洗钱行政主管部门通报。

前款规定的申报范围、金额标准以及通报机制等,由国务院反洗钱行政主管部门、国务院外汇管理部门按照职责分工会同海关总署规定。

第十九条　国务院反洗钱行政主管部门会同国务院有关部门建立法人、非法人组织受益所有人信息管理制度。

法人、非法人组织应当保存并及时更新受益所有人信息,按照规定向登记机关如实提交并及时更新受益所有人信息。反洗钱行政主管部门、登记机关按照规定管理受益所有人信息。

反洗钱行政主管部门、国家有关机关为履行职责需要,可以依法使用受益所有人信息。金融机构和特定非金融机构在履行反洗钱义务时依法查询核对受益所有人信息;发现受益所有人信息错误、不一致或者不完整的,应当按照规定进行反馈。使用受益所有人信息应当依法保护信息安全。

本法所称法人、非法人组织的受益所有人,是指最终拥有或者实际控制法人、非法人组织,或者享有法人、非法人组织最终收益的自然人。具体认定标准由国务院反洗钱行政主管部门会同国务院有关部门制定。

第二十条　反洗钱行政主管部门和其他依法负有反洗钱监督管理职责的部门发现涉嫌洗钱以及相关违法犯罪的交易活动,应当将线索和相关证据材料移送有管辖权的机关处理。接受移送的机关应当按照有关规定反馈处理结果。

第二十一条　反洗钱行政主管部门为依法履行监督管理职责,可以要求金融机构报送履行反洗钱义务情况,对金融机构实施风险监测、评估,并就金融机构执行本法以及相关管理规定的情况进行评价。必要时可以按照规定约谈金融机构的董事、监事、高级管理人员以及反洗钱工作直接负责人,要求其就有关事项说明情况;对金融机构履行反洗钱义务存在的问题进行提示。

第二十二条　反洗钱行政主管部门进行监督检查时,可以采取下列措施:

(一)进入金融机构进行检查;

(二)询问金融机构的工作人员,要求其对有关被检查事项作出说明;

(三)查阅、复制金融机构与被检查事项有关的文件、资料,对可能被转移、隐匿或者毁损的文件、资料予以封存;

(四)检查金融机构的计算机网络与信息系统,调取、保存金融机构的计算机网络与信息系统中的有关数据、信息。

进行前款规定的监督检查，应当经国务院反洗钱行政主管部门或者其设区的市级以上派出机构负责人批准。检查人员不得少于二人，并应当出示执法证件和检查通知书；检查人员少于二人或者未出示执法证件和检查通知书的，金融机构有权拒绝接受检查。

第二十三条 国务院反洗钱行政主管部门会同国家有关机关评估国家、行业面临的洗钱风险，发布洗钱风险指引，加强对履行反洗钱义务的机构指导，支持和鼓励反洗钱领域技术创新，及时监测与新领域、新业态相关的新型洗钱风险，根据洗钱风险状况优化资源配置，完善监督管理措施。

第二十四条 对存在严重洗钱风险的国家或者地区，国务院反洗钱行政主管部门可以在征求国家有关机关意见的基础上，经国务院批准，将其列为洗钱高风险国家或者地区，并采取相应措施。

第二十五条 履行反洗钱义务的机构可以依法成立反洗钱自律组织。反洗钱自律组织与相关行业自律组织协同开展反洗钱领域的自律管理。

反洗钱自律组织接受国务院反洗钱行政主管部门的指导。

第二十六条 提供反洗钱咨询、技术、专业能力评价等服务的机构及其工作人员，应当勤勉尽责、恪尽职守地提供服务；对于因提供服务获得的数据、信息，应当依法妥善处理，确保数据、信息安全。

国务院反洗钱行政主管部门应当加强对上述机构开展反洗钱有关服务工作的指导。

第三章 反洗钱义务

第二十七条 金融机构应当依照本法规定建立健全反洗钱内部控制制度，设立专门机构或者指定内设机构牵头负责反洗钱工作，根据经营规模和洗钱风险状况配备相应的人员，按照要求开展反洗钱培训和宣传。

金融机构应当定期评估洗钱风险状况并制定相应的风险管理制度和流程，根据需要建立相关信息系统。

金融机构应当通过内部审计或者社会审计等方式，监督反洗钱内部控制制度的有效实施。

金融机构的负责人对反洗钱内部控制制度的有效实施负责。

第二十八条 金融机构应当按照规定建立客户尽职调查制度。

金融机构不得为身份不明的客户提供服务或者与其进行交易，不得为客户开立匿名账户或者假名账户，不得为冒用他人身份的客户开立账户。

第二十九条 有下列情形之一的，金融机构应当开展客户尽职调查：

（一）与客户建立业务关系或者为客户提供规定金额以上的一次性金融服务；

（二）有合理理由怀疑客户及其交易涉嫌洗钱活动；

（三）对先前获得的客户身份资料的真实性、有效性、完整性存在疑问。

客户尽职调查包括识别并采取合理措施核实客户及其受益所有人身份，了解客户建立业务关系和交易的目的，涉及较高洗钱风险的，还应当了解相关资金来源和用途。

金融机构开展客户尽职调查，应当根据客户特征和交易活动的性质、风险状况进行，对于涉及较低洗钱风险的，金融机构应当根据情况简化客户尽职调查。

第三十条 在业务关系存续期间，金融机构应当持续关注并评估客户整体状况及交易情况，了解客户的洗钱风险。发现客户进行的交易与金融机构所掌握的客户身份、风险状况等不符的，应当进一步核实客户及其交易有关情况；对存在洗钱高风险情形的，必要时可以采取限制交易方式、金额或者频次，限制业务类型，拒绝办理业务，终止业务关系等洗钱风险管理措施。

金融机构采取洗钱风险管理措施，应当在其业务权限范围内按照有关管理规定的要求和程序进行，平衡好管理洗钱风险与优化金融服务的关系，不得采取与洗钱风险状况明显不相匹配的措施，保障与客户依法享有的医疗、社会保障、公用事业服务等相关的基本的、必需的金融服务。

第三十一条 客户由他人代理办理业务的，金融机构应当按照规定核实代理关系，识别并核实代理人的身份。

金融机构与客户订立人身保险、信托等合同，合同的受益人不是客户本人的，金融机构应当识别并核实受益人的身份。

第三十二条 金融机构依托第三方开展客户尽职调查的，应当评估第三方的风险状况及其履行反洗钱义务的能力。第三方具有较高风险情形或者不具备履行反洗钱义务能力的，金融机构不得依托其开展客户尽职调查。

金融机构应当确保第三方已经采取符合本法要求的客户尽职调查措施。

第三方未采取符合本法要求的客户尽职调查措施的，由该金融机构承担未履行客户尽职调查义务的法律责任。

第三方应当向金融机构提供必要的客户尽职调查信息，并配合金融机构持续开展客户尽职调查。

第三十三条 金融机构进行客户尽职调查，可以通过反洗钱行政主管部门以及公安、市场监督管理、民政、税务、移民管理、电信管理等部门依法核实客户身份等有关信息，相关部门应当依法予以支持。

国务院反洗钱行政主管部门应当协调推动相关部门为金融机构开展客户尽职调查提供必要的便利。

第三十四条 金融机构应当按照规定建立客户身份资料和交易记录保存制度。

在业务关系存续期间，客户身份信息发生变更的，应当及时更新。

客户身份资料在业务关系结束后、客户交易信息在交易结束后，应当至少保存十年。

金融机构解散、被撤销或者被宣告破产时，应当将客户身份资料和客户交易信息移交国务院有关部门指定的机构。

第三十五条 金融机构应当按照规定执行大额交易报告制度，客户单笔交易或者在一定期限内的累计交易超过规定金额的，应当及时向反洗钱监测分析机构报告。

金融机构应当按照规定执行可疑交易报告制度，制定并不断优化监测标准，有效识别、分析可疑交易活动，及时向反洗钱监测分析机构提交可疑交易报告；提交可疑交易报告的情况应当保密。

第三十六条 金融机构应当在反洗钱行政主管部门的指导下，关注、评估运用新技术、新产品、新业务等带来的洗钱风险，根据情形采取相应措施，降低洗钱风险。

第三十七条 在境内外设有分支机构或者控股其他金融机构的金融机构，以及金融控股公司，应当在总部或者集团层面统筹安排反洗钱工作。为履行反洗钱义务在公司内部、集团成员之间共享必要的反洗钱信息的，应当明确信息共享机制和程序。共享反洗钱信息，应当符合有关信息保护的法律规定，并确保相关信息不被用于反洗钱和反恐怖主义融资以外的用途。

第三十八条 与金融机构存在业务关系的单位和个人应当配合金融机构

的客户尽职调查，提供真实有效的身份证件或者其他身份证明文件，准确、完整填报身份信息，如实提供与交易和资金相关的资料。

单位和个人拒不配合金融机构依照本法采取的合理的客户尽职调查措施的，金融机构按照规定的程序，可以采取限制或者拒绝办理业务、终止业务关系等洗钱风险管理措施，并根据情况提交可疑交易报告。

第三十九条 单位和个人对金融机构采取洗钱风险管理措施有异议的，可以向金融机构提出。金融机构应当在十五日内进行处理，并将结果答复当事人；涉及客户基本的、必需的金融服务的，应当及时处理并答复当事人。相关单位和个人逾期未收到答复，或者对处理结果不满意的，可以向反洗钱行政主管部门投诉。

前款规定的单位和个人对金融机构采取洗钱风险管理措施有异议的，也可以依法直接向人民法院提起诉讼。

第四十条 任何单位和个人应当按照国家有关机关要求对下列名单所列对象采取反洗钱特别预防措施：

（一）国家反恐怖主义工作领导机构认定并由其办事机构公告的恐怖活动组织和人员名单；

（二）外交部发布的执行联合国安理会决议通知中涉及定向金融制裁的组织和人员名单；

（三）国务院反洗钱行政主管部门认定或者会同国家有关机关认定的，具有重大洗钱风险、不采取措施可能造成严重后果的组织和人员名单。

对前款第一项规定的名单有异议的，当事人可以依照《中华人民共和国反恐怖主义法》的规定申请复核。对前款第二项规定的名单有异议的，当事人可以按照有关程序提出从名单中除去的申请。对前款第三项规定的名单有异议的，当事人可以向作出认定的部门申请行政复议；对行政复议决定不服的，可以依法提起行政诉讼。

反洗钱特别预防措施包括立即停止向名单所列对象及其代理人、受其指使的组织和人员、其直接或者间接控制的组织提供金融等服务或者资金、资产，立即限制相关资金、资产转移等。

第一款规定的名单所列对象可以按照规定向国家有关机关申请使用被限制的资金、资产用于单位和个人的基本开支及其他必需支付的费用。采取反洗钱特别预防措施应当保护善意第三人合法权益，善意第三人可以依法进行权利救济。

第四十一条 金融机构应当识别、评估相关风险并制定相应的制度，及时获取本法第四十条第一款规定的名单，对客户及其交易对象进行核查，采取相应措施，并向反洗钱行政主管部门报告。

第四十二条 特定非金融机构在从事规定的特定业务时，参照本章关于金融机构履行反洗钱义务的相关规定，根据行业特点、经营规模、洗钱风险状况履行反洗钱义务。

第四章 反洗钱调查

第四十三条 国务院反洗钱行政主管部门或者其设区的市级以上派出机构发现涉嫌洗钱的可疑交易活动或者违反本法规定的其他行为，需要调查核实的，经国务院反洗钱行政主管部门或者其设区的市级以上派出机构负责人批准，可以向金融机构、特定非金融机构发出调查通知书，开展反洗钱调查。

反洗钱行政主管部门开展反洗钱调查，涉及特定非金融机构的，必要时可以请求有关特定非金融机构主管部门予以协助。

金融机构、特定非金融机构应当配合反洗钱调查，在规定时限内如实提供有关文件、资料。

开展反洗钱调查，调查人员不得少于二人，并应当出示执法证件和调查通知书；调查人员少于二人或者未出示执法证件和调查通知书的，金融机构、特定非金融机构有权拒绝接受调查。

第四十四条 国务院反洗钱行政主管部门或者其设区的市级以上派出机构开展反洗钱调查，可以采取下列措施：

（一）询问金融机构、特定非金融机构有关人员，要求其说明情况；

（二）查阅、复制被调查对象的账户信息、交易记录和其他有关资料；

（三）对可能被转移、隐匿、篡改或者毁损的文件、资料予以封存。

询问应当制作询问笔录。询问笔录应当交被询问人核对。记载有遗漏或者差错的，被询问人可以要求补充或者更正。被询问人确认笔录无误后，应当签名或者盖章；调查人员也应当在笔录上签名。

调查人员封存文件、资料，应当会同金融机构、特定非金融机构的工作人员查点清楚，当场开列清单一式二份，由调查人员和金融机构、特定非金融机构的工作人员签名或者盖章，一份交金融机构或者特定非金融机构，一份附卷备查。

第四十五条 经调查仍不能排除洗钱嫌疑或者发现其他违法犯罪线索的，应当及时向有管辖权的机关移送。接受移送的机关应当按照有关规定反馈处理结果。

客户转移调查所涉及的账户资金的，国务院反洗钱行政主管部门认为必要时，经其负责人批准，可以采取临时冻结措施。

接受移送的机关接到线索后，对已依照前款规定临时冻结的资金，应当及时决定是否继续冻结。接受移送的机关认为需要继续冻结的，依照相关法律规定采取冻结措施；认为不需要继续冻结的，应当立即通知国务院反洗钱行政主管部门，国务院反洗钱行政主管部门应当立即通知金融机构解除冻结。

临时冻结不得超过四十八小时。金融机构在按照国务院反洗钱行政主管部门的要求采取临时冻结措施后四十八小时内，未接到国家有关机关继续冻结通知的，应当立即解除冻结。

第五章 反洗钱国际合作

第四十六条 中华人民共和国根据缔结或者参加的国际条约，或者按照平等互惠原则，开展反洗钱国际合作。

第四十七条 国务院反洗钱行政主管部门根据国务院授权，负责组织、协调反洗钱国际合作，代表中国政府参与有关国际组织活动，依法与境外相关机构开展反洗钱合作，交换反洗钱信息。

国家有关机关依法在职责范围内开展反洗钱国际合作。

第四十八条 涉及追究洗钱犯罪的司法协助，依照《中华人民共和国国际刑事司法协助法》以及有关法律的规定办理。

第四十九条 国家有关机关在依法调查洗钱和恐怖主义融资活动过程中，按照对等原则或者经与有关国家协商一致，可以要求在境内开立代理行账户或者与我国存在其他密切金融联系的境外金融机构予以配合。

第五十条 外国国家、组织违反对等、协商一致原则直接要求境内金融机构提交客户身份资料、交易信息，扣押、冻结、划转境内资金、资产，或者作出其他行动的，金融机构不得擅自执行，并应当及时向国务院有关金融管理部门报告。

除前款规定外，外国国家、组织基于合规监管的需要，要求境内金融机构提供概要性合规信息、经营信息等信息的，境内金融机构向国务院有关金融管理部门和国家有关机关报告后可以提供或者予以配合。

前两款规定的资料、信息涉及重要数据和个人信息的，还应当符合国家数据安全管理、个人信息保护有关规定。

第六章　法　律　责　任

第五十一条　反洗钱行政主管部门和其他依法负有反洗钱监督管理职责的部门从事反洗钱工作的人员有下列行为之一的，依法给予处分：

（一）违反规定进行检查、调查或者采取临时冻结措施；

（二）泄露因反洗钱知悉的国家秘密、商业秘密或者个人隐私、个人信息；

（三）违反规定对有关机构和人员实施行政处罚；

（四）其他不依法履行职责的行为。

其他国家机关工作人员有前款第二项行为的，依法给予处分。

第五十二条　金融机构有下列情形之一的，由国务院反洗钱行政主管部门或者其设区的市级以上派出机构责令限期改正；情节较重的，给予警告或者处二十万元以下罚款；情节严重或者逾期未改正的，处二十万元以上二百万元以下罚款，可以根据情形在职责范围内或者建议有关金融管理部门限制或者禁止其开展相关业务：

（一）未按照规定制定、完善反洗钱内部控制制度规范；

（二）未按照规定设立专门机构或者指定内设机构牵头负责反洗钱工作；

（三）未按照规定根据经营规模和洗钱风险状况配备相应人员；

（四）未按照规定开展洗钱风险评估或者健全相应的风险管理制度；

（五）未按照规定制定、完善可疑交易监测标准；

（六）未按照规定开展反洗钱内部审计或者社会审计；

（七）未按照规定开展反洗钱培训；

（八）应当建立反洗钱相关信息系统而未建立，或者未按照规定完善反洗钱相关信息系统；

（九）金融机构的负责人未能有效履行反洗钱职责。

第五十三条 金融机构有下列行为之一的，由国务院反洗钱行政主管部门或者其设区的市级以上派出机构责令限期改正，可以给予警告或者处二十万元以下罚款；情节严重或者逾期未改正的，处二十万元以上二百万元以下罚款：

（一）未按照规定开展客户尽职调查；

（二）未按照规定保存客户身份资料和交易记录；

（三）未按照规定报告大额交易；

（四）未按照规定报告可疑交易。

第五十四条 金融机构有下列行为之一的，由国务院反洗钱行政主管部门或者其设区的市级以上派出机构责令限期改正，处五十万元以下罚款；情节严重的，处五十万元以上五百万元以下罚款，可以根据情形在职责范围内或者建议有关金融管理部门限制或者禁止其开展相关业务：

（一）为身份不明的客户提供服务、与其进行交易，为客户开立匿名账户、假名账户，或者为冒用他人身份的客户开立账户；

（二）未按照规定对洗钱高风险情形采取相应洗钱风险管理措施；

（三）未按照规定采取反洗钱特别预防措施；

（四）违反保密规定，查询、泄露有关信息；

（五）拒绝、阻碍反洗钱监督管理、调查，或者故意提供虚假材料；

（六）篡改、伪造或者无正当理由删除客户身份资料、交易记录；

（七）自行或者协助客户以拆分交易等方式故意逃避履行反洗钱义务。

第五十五条 金融机构有本法第五十三条、第五十四条规定的行为，致使犯罪所得及其收益通过本机构得以掩饰、隐瞒的，或者致使恐怖主义融资后果发生的，由国务院反洗钱行政主管部门或者其设区的市级以上派出机构责令限期改正，涉及金额不足一千万元的，处五十万元以上一千万元以下罚款；涉及金额一千万元以上的，处涉及金额百分之二十以上二倍以下罚款；情节严重的，可以根据情形在职责范围内实施或者建议有关金融管理部门实施限制、禁止其开展相关业务，或者责令停业整顿、吊销经营许可证等处罚。

第五十六条 国务院反洗钱行政主管部门或者其设区的市级以上派出机构依照本法第五十二条至第五十四条规定对金融机构进行处罚的，还可以根据情形对负有责任的董事、监事、高级管理人员或者其他直接责任人员，给予警告或者处二十万元以下罚款；情节严重的，可以根据情形在职责范围内实施或者建议有关金融管理部门实施取消其任职资格、禁止其从事有关金融行业工作等处罚。

国务院反洗钱行政主管部门或者其设区的市级以上派出机构依照本法第五十五条规定对金融机构进行处罚的，还可以根据情形对负有责任的董事、监事、高级管理人员或者其他直接责任人员，处二十万元以上一百万元以下罚款；情节严重的，可以根据情形在职责范围内实施或者建议有关金融管理部门实施取消其任职资格、禁止其从事有关金融行业工作等处罚。

前两款规定的金融机构董事、监事、高级管理人员或者其他直接责任人员能够证明自己已经勤勉尽责采取反洗钱措施的，可以不予处罚。

第五十七条 金融机构违反本法第五十条规定擅自采取行动的，由国务院有关金融管理部门处五十万元以下罚款；情节严重的，处五十万元以上五百万元以下罚款；造成损失的，并处所造成直接经济损失一倍以上五倍以下罚款。对负有责任的董事、监事、高级管理人员或者其他直接责任人员，可以由国务院有关金融管理部门给予警告或者处五十万元以下罚款。

境外金融机构违反本法第四十九条规定，对国家有关机关的调查不予配合的，由国务院反洗钱行政主管部门依照本法第五十四条、第五十六条规定进行处罚，并可以根据情形将其列入本法第四十条第一款第三项规定的名单。

第五十八条 特定非金融机构违反本法规定的，由有关特定非金融机构主管部门责令限期改正；情节较重的，给予警告或者处五万元以下罚款；情节严重或者逾期未改正的，处五万元以上五十万元以下罚款；对有关负责人，可以给予警告或者处五万元以下罚款。

第五十九条 金融机构、特定非金融机构以外的单位和个人未依照本法第四十条规定履行反洗钱特别预防措施义务的，由国务院反洗钱行政主管部门或者其设区的市级以上派出机构责令限期改正；情节严重的，对单位给予警告或者处二十万元以下罚款，对个人给予警告或者处五万元以下罚款。

第六十条 法人、非法人组织未按照规定向登记机关提交受益所有人信息的，由登记机关责令限期改正；拒不改正的，处五万元以下罚款。向登记机关提交虚假或者不实的受益所有人信息，或者未按照规定及时更新受益所有人信息的，由国务院反洗钱行政主管部门或者其设区的市级以上派出机构责令限期改正；拒不改正的，处五万元以下罚款。

第六十一条　国务院反洗钱行政主管部门应当综合考虑金融机构的经营规模、内部控制制度执行情况、勤勉尽责程度、违法行为持续时间、危害程度以及整改情况等因素，制定本法相关行政处罚裁量基准。

第六十二条　违反本法规定，构成犯罪的，依法追究刑事责任。

利用金融机构、特定非金融机构实施或者通过非法渠道实施洗钱犯罪的，依法追究刑事责任。

第七章　附　　则

第六十三条　在境内设立的下列机构，履行本法规定的金融机构反洗钱义务：

（一）银行业、证券基金期货业、保险业、信托业金融机构；

（二）非银行支付机构；

（三）国务院反洗钱行政主管部门确定并公布的其他从事金融业务的机构。

第六十四条　在境内设立的下列机构，履行本法规定的特定非金融机构反洗钱义务：

（一）提供房屋销售、房屋买卖经纪服务的房地产开发企业或者房地产中介机构；

（二）接受委托为客户办理买卖不动产，代管资金、证券或者其他资产，代管银行账户、证券账户，为成立、运营企业筹措资金以及代理买卖经营性实体业务的会计师事务所、律师事务所、公证机构；

（三）从事规定金额以上贵金属、宝石现货交易的交易商；

（四）国务院反洗钱行政主管部门会同国务院有关部门根据洗钱风险状况确定的其他需要履行反洗钱义务的机构。

第六十五条　本法自 2025 年 1 月 1 日起施行。

金融机构反洗钱和反恐怖融资监督管理办法

(2021年4月15日中国人民银行令〔2021〕第3号公布 自2021年8月1日起施行)

第一章 总 则

第一条 为了督促金融机构有效履行反洗钱和反恐怖融资义务,规范反洗钱和反恐怖融资监督管理行为,根据《中华人民共和国反洗钱法》、《中华人民共和国中国人民银行法》、《中华人民共和国反恐怖主义法》等法律法规,制定本办法。

第二条 本办法适用于在中华人民共和国境内依法设立的下列金融机构:

(一)开发性金融机构、政策性银行、商业银行、农村合作银行、农村信用合作社、村镇银行;

(二)证券公司、期货公司、证券投资基金管理公司;

(三)保险公司、保险资产管理公司;

(四)信托公司、金融资产管理公司、企业集团财务公司、金融租赁公司、汽车金融公司、消费金融公司、货币经纪公司、贷款公司、银行理财子公司;

(五)中国人民银行确定并公布应当履行反洗钱和反恐怖融资义务的其他金融机构。

非银行支付机构、银行卡清算机构、资金清算中心、网络小额贷款公司以及从事汇兑业务、基金销售业务、保险专业代理和保险经纪业务的机构,适用本办法关于金融机构的监督管理规定。

第三条 中国人民银行及其分支机构依法对金融机构反洗钱和反恐怖融资工作进行监督管理。

第四条 金融机构应当按照规定建立健全反洗钱和反恐怖融资内部控制制度,评估洗钱和恐怖融资风险,建立与风险状况和经营规模相适应的风险管理机制，搭建反洗钱信息系统，设立或者指定部门并配备相应人员，有效履行反洗钱和反恐怖融资义务。

第五条 对依法履行反洗钱和反恐怖融资职责或者义务获得的客户身份资料和交易信息，应当予以保密，非依法律规定不得对外提供。

第二章　金融机构反洗钱和反恐怖融资内部控制和风险管理

第六条 金融机构应当按照规定，结合本机构经营规模以及洗钱和恐怖融资风险状况，建立健全反洗钱和反恐怖融资内部控制制度。

第七条 金融机构应当在总部层面建立洗钱和恐怖融资风险自评估制度，定期或不定期评估洗钱和恐怖融资风险，经董事会或者高级管理层审定之日起 10 个工作日内，将自评估情况报送中国人民银行或者所在地中国人民银行分支机构。

金融机构洗钱和恐怖融资风险自评估应当与本机构经营规模和业务特征相适应，充分考虑客户、地域、业务、交易渠道等方面的风险要素类型及其变化情况，并吸收运用国家洗钱和恐怖融资风险评估报告、监管部门及自律组织的指引等。金融机构在采用新技术、开办新业务或者提供新产品、新服务前，或者其面临的洗钱或者恐怖融资风险发生显著变化时，应当进行洗钱和恐怖融资风险评估。

金融机构应当定期审查和不断优化洗钱和恐怖融资风险评估工作流程和指标体系。

第八条 金融机构应当根据本机构经营规模和已识别出的洗钱和恐怖融资风险状况，经董事会或者高级管理层批准，制定相应的风险管理政策，并根据风险状况变化和控制措施执行情况及时调整。

金融机构应当将洗钱和恐怖融资风险管理纳入本机构全面风险管理体系，覆盖各项业务活动和管理流程；针对识别的较高风险情形，应当采取强化措施，管理和降低风险；针对识别的较低风险情形，可以采取简化措施；超出金融机构风险控制能力的，不得与客户建立业务关系或者进行交易，已经建立业务关系的，应当中止交易并考虑提交可疑交易报告，必要时终止业务关系。

第九条 金融机构应当设立专门部门或者指定内设部门牵头开展反洗钱

和反恐怖融资管理工作。

金融机构应当明确董事会、监事会、高级管理层和相关部门的反洗钱和反恐怖融资职责，建立相应的绩效考核和奖惩机制。

金融机构应当任命或者授权一名高级管理人员牵头负责反洗钱和反恐怖融资管理工作，并采取合理措施确保其独立开展工作以及充分获取履职所需权限和资源。

金融机构应当根据本机构经营规模、洗钱和恐怖融资风险状况和业务发展趋势配备充足的反洗钱岗位人员，采取适当措施确保反洗钱岗位人员的资质、经验、专业素质及职业道德符合要求，制定持续的反洗钱和反恐怖融资培训计划。

第十条 金融机构应当根据反洗钱和反恐怖融资工作需要，建立和完善相关信息系统，并根据风险状况、反洗钱和反恐怖融资工作需求变化及时优化升级。

第十一条 金融机构应当建立反洗钱和反恐怖融资审计机制，通过内部审计或者独立审计等方式，审查反洗钱和反恐怖融资内部控制制度制定和执行情况。审计应当遵循独立性原则，全面覆盖境内外分支机构、控股附属机构，审计的范围、方法和频率应当与本机构经营规模及洗钱和恐怖融资风险状况相适应，审计报告应当向董事会或者其授权的专门委员会提交。

第十二条 金融机构应当在总部层面制定统一的反洗钱和反恐怖融资机制安排，包括为开展客户尽职调查、洗钱和恐怖融资风险管理，共享反洗钱和反恐怖融资信息的制度和程序，并确保其所有分支机构和控股附属机构结合自身业务特点有效执行。

金融机构在共享和使用反洗钱和反恐怖融资信息方面应当依法提供信息并防止信息泄露。

第十三条 金融机构应当要求其境外分支机构和控股附属机构在驻在国家（地区）法律规定允许的范围内，执行本办法；驻在国家（地区）有更严格要求的，遵守其规定。

如果本办法的要求比驻在国家（地区）的相关规定更为严格，但驻在国家（地区）法律禁止或者限制境外分支机构和控股附属机构实施本办法的，金融机构应当采取适当的补充措施应对洗钱和恐怖融资风险，并向中国人民银行报告。

第十四条　金融机构应当按照规定，结合内部控制制度和风险管理机制的相关要求，履行客户尽职调查、客户身份资料和交易记录保存、大额交易和可疑交易报告等义务。

第十五条　金融机构应当按照中国人民银行的规定报送反洗钱和反恐怖融资工作信息。金融机构应当对相关信息的真实性、完整性、有效性负责。

第十六条　在境外设有分支机构或控股附属机构的，境内金融机构总部应当按年度向中国人民银行或者所在地中国人民银行分支机构报告境外分支机构或控股附属机构接受驻在国家（地区）反洗钱和反恐怖融资监管情况。

第十七条　发生下列情况的，金融机构应当按照规定及时向中国人民银行或者所在地中国人民银行分支机构报告：

（一）制定或者修订主要反洗钱和反恐怖融资内部控制制度的；

（二）牵头负责反洗钱和反恐怖融资工作的高级管理人员、牵头管理部门或者部门主要负责人调整的；

（三）发生涉及反洗钱和反恐怖融资工作的重大风险事项的；

（四）境外分支机构和控股附属机构受到当地监管当局或者司法部门开展的与反洗钱和反恐怖融资相关的执法检查、行政处罚、刑事调查或者发生其他重大风险事件的；

（五）中国人民银行要求报告的其他事项。

第三章　反洗钱和反恐怖融资监督管理

第十八条　中国人民银行及其分支机构应当遵循风险为本和法人监管原则，合理运用各类监管方法，实现对不同类型金融机构的有效监管。

中国人民银行及其分支机构可以向国务院金融监督管理机构或者其派出机构通报对金融机构反洗钱和反恐怖融资监管情况。

第十九条　根据履行反洗钱和反恐怖融资职责的需要，中国人民银行及其分支机构可以按照规定程序，对金融机构履行反洗钱和反恐怖融资义务的情况开展执法检查。

中国人民银行及其分支机构可以对其下级机构负责监督管理的金融机构进行反洗钱和反恐怖融资执法检查，可以授权下级机构检查由上级机构负责监督管理的金融机构。

第二十条 中国人民银行及其分支机构开展反洗钱和反恐怖融资执法检查，应当依据现行反洗钱和反恐怖融资规定，按照中国人民银行执法检查有关程序规定组织实施。

第二十一条 中国人民银行及其分支机构应当根据执法检查有关程序规定，规范有效地开展执法检查工作，重点加强对以下机构的监督管理：

（一）涉及洗钱和恐怖融资案件的机构；

（二）洗钱和恐怖融资风险较高的机构；

（三）通过日常监管、受理举报投诉等方式，发现存在重大违法违规线索的机构；

（四）其他应当重点监管的机构。

第二十二条 中国人民银行及其分支机构进入金融机构现场开展反洗钱和反恐怖融资检查的，按照规定可以询问金融机构工作人员，要求其对监管事项作出说明；查阅、复制文件、资料，对可能被转移、隐匿或者销毁的文件、资料予以封存；查验金融机构运用信息化、数字化管理业务数据和进行洗钱和恐怖融资风险管理的系统。

第二十三条 中国人民银行及其分支机构应当根据金融机构报送的反洗钱和反恐怖融资工作信息，结合日常监管中获得的其他信息，对金融机构反洗钱和反恐怖融资制度的建立健全情况和执行情况进行评价。

第二十四条 为了有效实施风险为本监管，中国人民银行及其分支机构应当结合国家、地区、行业的洗钱和恐怖融资风险评估情况，在采集金融机构反洗钱和反恐怖融资信息的基础上，对金融机构开展风险评估，及时、准确掌握金融机构洗钱和恐怖融资风险状况。

第二十五条 为了解金融机构洗钱和恐怖融资风险状况，中国人民银行及其分支机构可以对金融机构开展洗钱和恐怖融资风险现场评估。

中国人民银行及其分支机构开展现场风险评估应当填制《反洗钱监管审批表》（附1）及《反洗钱监管通知书》（附2），经本行（营业管理部）行长（主任）或者分管副行长（副主任）批准后，至少提前5个工作日将《反洗钱监管通知书》送达被评估的金融机构。

中国人民银行及其分支机构可以要求被评估的金融机构提供必要的资料数据，也可以现场采集评估需要的信息。

在开展现场风险评估时，中国人民银行及其分支机构的反洗钱工作人员不得少于2人，并出示合法证件。

现场风险评估结束后，中国人民银行及其分支机构应当制发《反洗钱监管意见书》（附3），将风险评估结论和发现的问题反馈被评估的金融机构。

第二十六条 根据金融机构合规情况和风险状况，中国人民银行及其分支机构可以采取监管提示、约见谈话、监管走访等措施。在监管过程中，发现金融机构存在较高洗钱和恐怖融资风险或者涉嫌违反反洗钱和反恐怖融资规定的，中国人民银行及其分支机构应当及时开展执法检查。

第二十七条 金融机构存在洗钱和恐怖融资风险隐患，或者反洗钱和反恐怖融资工作存在明显漏洞，需要提示金融机构关注的，经中国人民银行或其分支机构反洗钱部门负责人批准，可以向该金融机构发出《反洗钱监管提示函》（附4），要求其采取必要的管控措施，督促其整改。

金融机构应当自收到《反洗钱监管提示函》之日起20个工作日内，经本机构分管反洗钱和反恐怖融资工作负责人签批后作出书面答复；不能及时作出答复的，经中国人民银行或者其所在地中国人民银行分支机构同意后，在延长时限内作出答复。

第二十八条 根据履行反洗钱和反恐怖融资职责的需要，针对金融机构反洗钱和反恐怖融资义务履行不到位、突出风险事件等重要问题，中国人民银行及其分支机构可以约见金融机构董事、监事、高级管理人员或者部门负责人进行谈话。

第二十九条 中国人民银行及其分支机构进行约见谈话前，应当填制《反洗钱监管审批表》及《反洗钱监管通知书》。约见金融机构董事、监事、高级管理人员，应当经本行（营业管理部）行长（主任）或者分管副行长（副主任）批准；约见金融机构部门负责人的，应当经本行（营业管理部）反洗钱部门负责人批准。

《反洗钱监管通知书》应当至少提前2个工作日送达被谈话机构。情况特殊需要立即进行约见谈话的，应当在约见谈话现场送达《反洗钱监管通知书》。

约见谈话时，中国人民银行及其分支机构反洗钱工作人员不得少于2人。谈话结束后，应当填写《反洗钱约谈记录》（附5）并经被谈话人签字确认。

第三十条 为了解、核实金融机构反洗钱和反恐怖融资政策执行情况以及监管意见整改情况，中国人民银行及其分支机构可以对金融机构开展监管走访。

第三十一条 中国人民银行及其分支机构进行监管走访前，应当填制《反洗钱监管审批表》及《反洗钱监管通知书》，由本行（营业管理部）行长（主任）或者分管副行长（副主任）批准。

《反洗钱监管通知书》应当至少提前5个工作日送达金融机构。情况特殊需要立即实施监管走访的，应当在进入金融机构现场时送达《反洗钱监管通知书》。

监管走访时，中国人民银行及其分支机构反洗钱工作人员不得少于2人，并出示合法证件。

中国人民银行及其分支机构应当做好监管走访记录，必要时，可以制发《反洗钱监管意见书》。

第三十二条 中国人民银行及其分支机构应当持续跟踪金融机构对监管发现问题的整改情况，对于未合理制定整改计划或者未有效实施整改的，可以启动执法检查或者进一步采取其他监管措施。

第三十三条 中国人民银行分支机构对金融机构分支机构依法实施行政处罚，或者在监管过程中发现涉及金融机构总部的重大问题、系统性缺陷的，应当及时将处罚决定或者监管意见抄送中国人民银行或者金融机构总部所在地中国人民银行分支机构。

第三十四条 中国人民银行及其分支机构监管人员违反规定程序或者超越职权规定实施监管的，金融机构有权拒绝或者提出异议。金融机构对中国人民银行及其分支机构提出的违法违规问题有权提出申辩，有合理理由的，中国人民银行及其分支机构应当采纳。

第四章　法　律　责　任

第三十五条 中国人民银行及其分支机构从事反洗钱工作的人员，违反本办法有关规定的，按照《中华人民共和国反洗钱法》第三十条的规定予以处分。

第三十六条 金融机构违反本办法有关规定的，由中国人民银行或者其地市中心支行以上分支机构按照《中华人民共和国反洗钱法》第三十一条、第三十二条的规定进行处理；区别不同情形，建议国务院金融监督管理机构依法予以处理。

中国人民银行县（市）支行发现金融机构违反本规定的，应报告其上一级分支机构，由该分支机构按照前款规定进行处理或提出建议。

第五章 附 则

第三十七条 金融集团适用本办法第九条第四款、第十一条至第十三条的规定。

第三十八条 本办法由中国人民银行负责解释。

第三十九条 本办法自 2021 年 8 月 1 日起施行。本办法施行前有关反洗钱和反恐怖融资规定与本办法不一致的，按照本办法执行。《金融机构反洗钱监督管理办法（试行）》（银发〔2014〕344 号文印发）同时废止。

附：1. 反洗钱监管审批表
　　2. 反洗钱监管通知书
　　3. 反洗钱监管意见书
　　4. 反洗钱监管提示函
　　5. 反洗钱约谈记录

附1

中国人民银行　　行（营业管理部）反洗钱监管审批表

反　洗　钱_____〔　　〕号

	项目名称	
反洗钱监管立项申请内容	监管理由	
	监管依据	
	监管对象	
	监管内容	
	监管期限	年 月 日至 年 月 日
	监管方式（在对应项后打√）	约见谈话□　现场风险评估□　监管走访□
	监管实施时间	年 月 日至 年 月 日
	监管人员	监管组组长： 监管组成员：
	备注	

审批情况	部门负责人签字	
	行（营业管理部）领导审批签字	

附2

中国人民银行　行（营业管理部）反洗钱监管通知书

反洗钱_____〔　〕号

（监管对象名称）：

依据《中华人民共和国反洗钱法》《中华人民共和国中国人民银行法》_____等法律法规，我行（营业管理部）对你单位实施反洗钱监管，现将有关事项通知如下：

监管方式：约见谈话□　监管走访□　现场风险评估□

（在对应项后打√）

监管内容：

监管期限：

监管实施时间：　年　月　日至　年　月　日

监管组组长：

监管组成员：

所需你单位提供的数据、资料：

请你单位配合监管工作，并提供必要的工作条件。

（公章）

年　月　日

备注：本通知书一式两份，监管机构一份，监管对象一份。

附3

中国人民银行　行（营业管理部）反洗钱监管意见书

反洗钱_____〔　〕号

（监管对象名称）：

我行（营业管理部）_____于　年　月　日至　年　月　日对你单位实施了反洗钱监管（现场风险评估□　监管走访□）活动，特此提出如下监管意见：

_____

_____

（公章）

年　月　日

附 4

中国人民银行　　行（营业管理部）反洗钱监管提示函

反 洗 钱 _____〔　　〕 号

（监管对象名称）：

　　我行（营业管理部）在反洗钱监管中发现你单位存在以下问题，特此提示：

_____

（公章）

年　　月　　日

附 5

中国人民银行　　行（营业管理部）反洗钱约谈记录

时间		地点	
谈话对象	机构名称：		
	被谈话人员及职务：		
监管人员		记录人	
谈话内容：			

谈话人：（签字）　　　　　　　　　　　　　　　被谈话人：（签字）

银行业金融机构反洗钱和反恐怖融资管理办法

(中国银保监会2018年第7次主席会议通过　2019年1月29日中国银行保险监督管理委员会令第1号公布　自公布之日起施行)

第一章　总　　则

第一条　为预防洗钱和恐怖融资活动，做好银行业金融机构反洗钱和反恐怖融资工作，根据《中华人民共和国银行业监督管理法》《中华人民共和国反洗钱法》《中华人民共和国反恐怖主义法》等有关法律、行政法规，制定本办法。

第二条　国务院银行业监督管理机构根据法律、行政法规规定，配合国务院反洗钱行政主管部门，履行银行业金融机构反洗钱和反恐怖融资监督管理职责。

国务院银行业监督管理机构的派出机构根据法律、行政法规及本办法的规定，负责辖内银行业金融机构反洗钱和反恐怖融资监督管理工作。

第三条　本办法所称银行业金融机构，是指在中华人民共和国境内设立的商业银行、农村合作银行、农村信用合作社等吸收公众存款的金融机构以及政策性银行和国家开发银行。

对在中华人民共和国境内设立的金融资产管理公司、信托公司、企业集团财务公司、金融租赁公司、汽车金融公司、货币经纪公司、消费金融公司以及经国务院银行业监督管理机构批准设立的其他金融机构的反洗钱和反恐怖融资管理，参照本办法对银行业金融机构的规定执行。

第四条　银行业金融机构境外分支机构和附属机构，应当遵循驻在国家（地区）反洗钱和反恐怖融资方面的法律规定，协助配合驻在国家（地区）监管机构的工作，同时在驻在国家（地区）法律规定允许的范围内，执行本办法的有关要求。

驻在国家（地区）不允许执行本办法的有关要求的，银行业金融机构应当采取适当的额外措施应对洗钱和恐怖融资风险，并向国务院银行业监督管理机构报告。

第二章　银行业金融机构反洗钱和反恐怖融资义务

第五条　银行业金融机构应当建立健全洗钱和恐怖融资风险管理体系，全面识别和评估自身面临的洗钱和恐怖融资风险，采取与风险相适应的政策和程序。

第六条　银行业金融机构应当将洗钱和恐怖融资风险管理纳入全面风险管理体系，将反洗钱和反恐怖融资要求嵌入合规管理、内部控制制度，确保洗钱和恐怖融资风险管理体系能够全面覆盖各项产品及服务。

第七条　银行业金融机构应当依法建立反洗钱和反恐怖融资内部控制制度，并对分支机构和附属机构的执行情况进行管理。反洗钱和反恐怖融资内部控制制度应当包括下列内容：

（一）反洗钱和反恐怖融资内部控制职责划分；

（二）反洗钱和反恐怖融资内部控制措施；

（三）反洗钱和反恐怖融资内部控制评价机制；

（四）反洗钱和反恐怖融资内部控制监督制度；

（五）重大洗钱和恐怖融资风险事件应急处置机制；

（六）反洗钱和反恐怖融资工作信息保密制度；

（七）国务院银行业监督管理机构及国务院反洗钱行政主管部门规定的其他内容。

第八条　银行业金融机构应当建立组织架构健全、职责边界清晰的洗钱和恐怖融资风险治理架构，明确董事会、监事会、高级管理层、业务部门、反洗钱和反恐怖融资管理部门和内审部门等在洗钱和恐怖融资风险管理中的职责分工。

第九条　银行业金融机构董事会应当对反洗钱和反恐怖融资工作承担最终责任。

第十条　银行业金融机构的高级管理层应当承担洗钱和恐怖融资风险管理的实施责任。

银行业金融机构应当任命或者授权一名高级管理人员牵头负责洗钱和恐怖融资风险管理工作，其有权独立开展工作。银行业金融机构应当确保其能够充分获取履职所需的权限和资源,避免可能影响其履职的利益冲突。

第十一条 银行业金融机构应当设立反洗钱和反恐怖融资专门机构或者指定内设机构负责反洗钱和反恐怖融资管理工作。反洗钱和反恐怖融资管理部门应当设立专门的反洗钱和反恐怖融资岗位,并配备足够人员。

银行业金融机构应当明确相关业务部门的反洗钱和反恐怖融资职责,保证反洗钱和反恐怖融资内部控制制度在业务流程中的贯彻执行。

第十二条 银行业金融机构应当按照规定建立健全和执行客户身份识别制度,遵循"了解你的客户"的原则,针对不同客户、业务关系或者交易,采取有效措施,识别和核实客户身份,了解客户及其建立、维持业务关系的目的和性质,了解非自然人客户受益所有人。在与客户的业务关系存续期间,银行业金融机构应当采取持续的客户身份识别措施。

第十三条 银行业金融机构应当按照规定建立健全和执行客户身份资料和交易记录保存制度,妥善保存客户身份资料和交易记录,确保能重现该项交易,以提供监测分析交易情况、调查可疑交易活动和查处洗钱案件所需的信息。

第十四条 银行业金融机构应当按照规定建立健全和执行大额交易和可疑交易报告制度。

第十五条 银行业金融机构与金融机构开展业务合作时,应当在合作协议中明确双方的反洗钱和反恐怖融资职责,承担相应的法律义务,相互间提供必要的协助,采取有效的风险管控措施。

第十六条 银行业金融机构解散、撤销或者破产时,应当将客户身份资料和交易记录移交国务院有关部门指定的机构。

第十七条 银行业金融机构应当按照客户特点或者账户属性,以客户为单位合理确定洗钱和恐怖融资风险等级,根据风险状况采取相应的控制措施,并在持续关注的基础上适时调整风险等级。

第十八条 银行业金融机构应当建立健全和执行洗钱和恐怖融资风险自评估制度,对本机构的内外部洗钱和恐怖融资风险及相关风险控制措施有效性进行评估。

银行业金融机构开展新业务、应用新技术之前应当进行洗钱和恐怖融资风险评估。

第十九条 银行业金融机构应当建立反恐怖融资管理机制,按照国家反恐怖主义工作领导机构发布的恐怖活动组织及恐怖活动人员名单、冻结资产的决定，依法对相关资产采取冻结措施。

银行业金融机构应当根据监管要求密切关注涉恐人员名单，及时对本机构客户和交易进行风险排查，依法采取相应措施。

第二十条 银行业金融机构应当依法执行联合国安理会制裁决议要求。

第二十一条 银行业金融机构应当每年开展反洗钱和反恐怖融资内部审计，内部审计可以是专项审计，或者与其他审计项目结合进行。

第二十二条 对依法履行反洗钱和反恐怖融资义务获得的客户身份资料和交易信息，银行业金融机构及其工作人员应当予以保密；非依法律规定，不得向任何单位和个人提供。

第二十三条 银行业金融机构应当将可量化的反洗钱和反恐怖融资控制指标嵌入信息系统，使风险信息能够在业务部门和反洗钱和反恐怖融资管理部门之间有效传递、集中和共享，满足对洗钱和恐怖融资风险进行预警、信息提取、分析和报告等各项要求。

第二十四条 银行业金融机构应当配合银行业监督管理机构做好反洗钱和反恐怖融资监督检查工作。

第二十五条 银行业金融机构应当按照法律、行政法规及银行业监督管理机构的相关规定，履行协助查询、冻结、扣划义务，配合公安机关、司法机关等做好洗钱和恐怖融资案件调查工作。

第二十六条 银行业金融机构应当做好境外洗钱和恐怖融资风险管控和合规经营工作。境外分支机构和附属机构要加强与境外监管当局的沟通，严格遵守境外反洗钱和反恐怖融资法律法规及相关监管要求。

银行业金融机构境外分支机构和附属机构受到当地监管部门或者司法部门现场检查、行政处罚、刑事调查或者发生其他重大风险事项时，应当及时向银行业监督管理机构报告。

第二十七条 银行业金融机构应当对跨境业务开展尽职调查和交易监测工作，做好跨境业务洗钱风险、制裁风险和恐怖融资风险防控，严格落实代理行尽职调查与风险分类评级义务。

第二十八条 对依法履行反洗钱和反恐怖融资义务获得的客户身份资料和交易信息，非依法律、行政法规规定，银行业金融机构不得向境外提供。

银行业金融机构对于涉及跨境信息提供的相关问题应当及时向银行业监

督管理机构报告，并按照法律法规要求采取相应措施。

第二十九条 银行业金融机构应当制定反洗钱和反恐怖融资培训制度，定期开展反洗钱和反恐怖融资培训。

第三十条 银行业金融机构应当开展反洗钱和反恐怖融资宣传，保存宣传资料和宣传工作记录。

第三章 监督管理

第三十一条 国务院银行业监督管理机构依法履行下列反洗钱和反恐怖融资监督管理职责：

（一）制定银行业金融机构反洗钱和反恐怖融资制度文件；

（二）督促指导银行业金融机构建立健全反洗钱和反恐怖融资内部控制制度；

（三）监督、检查银行业金融机构反洗钱和反恐怖融资内部控制制度建立执行情况；

（四）在市场准入工作中落实反洗钱和反恐怖融资审查要求；

（五）与其他国家或者地区的银行业监督管理机构开展反洗钱和反恐怖融资监管合作；

（六）指导银行业金融机构依法履行协助查询、冻结、扣划义务；

（七）转发联合国安理会相关制裁决议，依法督促银行业金融机构落实金融制裁要求；

（八）向侦查机关报送涉嫌洗钱和恐怖融资犯罪的交易活动，协助公安机关、司法机关等调查处理涉嫌洗钱和恐怖融资犯罪案件；

（九）指导银行业金融机构应对境外协助执行案件、跨境信息提供等相关工作；

（十）指导行业自律组织开展反洗钱和反恐怖融资工作；

（十一）组织开展反洗钱和反恐怖融资培训宣传工作；

（十二）其他依法应当履行的反洗钱和反恐怖融资职责。

第三十二条 银行业监督管理机构应当履行银行业反洗钱和反恐怖融资监管职责，加强反洗钱和反恐怖融资日常合规监管，构建涵盖事前、事中、事后的完整监管链条。

银行业监督管理机构与国务院反洗钱行政主管部门及其他相关部门要加强监管协调，建立信息共享机制。

第三十三条　银行业金融机构应当按照要求向银行业监督管理机构报送反洗钱和反恐怖融资制度、年度报告、重大风险事项等材料，并对报送材料的及时性以及内容的真实性负责。

报送材料的内容和格式由国务院银行业监督管理机构统一规定。

第三十四条　银行业监督管理机构应当在职责范围内对银行业金融机构反洗钱和反恐怖融资义务履行情况依法开展现场检查。现场检查可以开展专项检查，或者与其他检查项目结合进行。

银行业监督管理机构可以与反洗钱行政主管部门开展联合检查。

第三十五条　银行业监督管理机构应当在职责范围内对银行业金融机构反洗钱和反恐怖融资义务履行情况进行评价，并将评价结果作为对银行业金融机构进行监管评级的重要因素。

第三十六条　银行业监督管理机构在市场准入工作中应当依法对银行业金融机构法人机构设立、分支机构设立、股权变更、变更注册资本、调整业务范围和增加业务品种、董事及高级管理人员任职资格许可进行反洗钱和反恐怖融资审查，对不符合条件的，不予批准。

第三十七条　银行业监督管理机构在市场准入工作中应当严格审核发起人、股东、实际控制人、最终受益人和董事、高级管理人员背景，审查资金来源和渠道，从源头上防止不法分子通过创设机构进行洗钱、恐怖融资活动。

第三十八条　设立银行业金融机构应当符合以下反洗钱和反恐怖融资审查条件：

（一）投资资金来源合法；

（二）股东及其控股股东、实际控制人、关联方、一致行动人、最终受益人等各方关系清晰透明，不得有故意或重大过失犯罪记录；

（三）建立反洗钱和反恐怖融资内部控制制度；

（四）设置反洗钱和反恐怖融资专门工作机构或指定内设机构负责该项工作；

（五）配备反洗钱和反恐怖融资专业人员，专业人员接受了必要的反洗钱和反恐怖融资培训；

（六）信息系统建设满足反洗钱和反恐怖融资要求；

（七）国务院银行业监督管理机构规定的其他条件。

第三十九条 设立银行业金融机构境内分支机构应当符合下列反洗钱和反恐怖融资审查条件：

（一）总行具备健全的反洗钱和反恐怖融资内部控制制度并对分支机构具有良好的管控能力；

（二）总行的信息系统建设能够支持分支机构的反洗钱和反恐怖融资工作；

（三）拟设分支机构设置了反洗钱和反恐怖融资专门机构或指定内设机构负责反洗钱和反恐怖融资工作；

（四）拟设分支机构配备反洗钱和反恐怖融资专业人员，专业人员接受了必要的反洗钱和反恐怖融资培训；

（五）国务院银行业监督管理机构规定的其他条件。

第四十条 银行业金融机构申请投资设立、参股、收购境内法人金融机构的，申请人应当具备健全的反洗钱和反恐怖融资内部控制制度。

第四十一条 银行业金融机构申请投资设立、参股、收购境外金融机构的，应当具备健全的反洗钱和反恐怖融资内部控制制度，具有符合境外反洗钱和反恐怖融资监管要求的专业人才队伍。

第四十二条 银行业金融机构股东应当确保资金来源合法，不得以犯罪所得资金等不符合法律、行政法规及监管规定的资金入股。银行业金融机构应当知悉股东入股资金来源，在发生股权变更或者变更注册资本时应当按照要求向银行业监督管理机构报批或者报告。

第四十三条 银行业金融机构开展新业务需要经银行业监督管理机构批准的，应当提交新业务的洗钱和恐怖融资风险评估报告。银行业监督管理机构在进行业务准入时，应当对新业务的洗钱和恐怖融资风险评估情况进行审核。

第四十四条 申请银行业金融机构董事、高级管理人员任职资格，拟任人应当具备以下条件：

（一）不得有故意或重大过失犯罪记录；

（二）熟悉反洗钱和反恐怖融资法律法规，接受了必要的反洗钱和反恐怖融资培训，通过银行业监督管理机构组织的包含反洗钱和反恐怖融资内容的任职资格测试。

须经任职资格审核的银行业金融机构境外机构董事、高级管理人员应当熟悉境外反洗钱和反恐怖融资法律法规，具备相应反洗钱和反恐怖融资履职能力。

银行业金融机构董事、高级管理人员任职资格申请材料中应当包括接受反洗钱和反恐怖融资培训情况报告及本人签字的履行反洗钱和反恐怖融资义务的承诺书。

第四十五条　国务院银行业监督管理机构的各省级派出机构应当于每年第一季度末按照要求向国务院银行业监督管理机构报送上年度反洗钱和反恐怖融资工作报告，包括反洗钱和反恐怖融资市场准入工作审核情况、现场检查及非现场监管情况、辖内银行业金融机构反洗钱和反恐怖融资工作情况等。

第四十六条　国务院银行业监督管理机构应当加强与境外监管当局的沟通与交流，通过签订监管合作协议、举行双边监管磋商和召开监管联席会议等形式加强跨境反洗钱和反恐怖融资监管合作。

第四十七条　银行业监督管理机构应当在职责范围内定期开展对银行业金融机构境外机构洗钱和恐怖融资风险管理情况的监测分析。监管机构应当将境外机构洗钱和恐怖融资风险管理情况作为与银行业金融机构监管会谈及外部审计会谈的重要内容。

第四十八条　银行业监督管理机构应当在职责范围内对银行业金融机构境外机构洗钱和恐怖融资风险管理情况依法开展现场检查，对存在问题的境外机构及时采取监管措施，并对违规机构依法依规进行处罚。

第四章　法　律　责　任

第四十九条　银行业金融机构违反本办法规定，有下列情形之一的，银行业监督管理机构可以根据《中华人民共和国银行业监督管理法》规定采取监管措施或者对其进行处罚：

（一）未按规定建立反洗钱和反恐怖融资内部控制制度的；

（二）未有效执行反洗钱和反恐怖融资内部控制制度的；

（三）未按照规定设立反洗钱和反恐怖融资专门机构或者指定内设机构负责反洗钱和反恐怖融资工作的；

（四）未按照规定履行其他反洗钱和反恐怖融资义务的。

第五十条 银行业金融机构未按本办法第三十三条规定报送相关材料的，银行业监督管理机构可以根据《中华人民共和国银行业监督管理法》第四十六条、四十七条规定对其进行处罚。

第五十一条 对于反洗钱行政主管部门提出的处罚或者其他建议，银行业监督管理机构应当依法予以处理。

第五十二条 银行业金融机构或者其工作人员参与洗钱、恐怖融资等违法犯罪活动构成犯罪的，依法追究其刑事责任。

第五章 附　　则

第五十三条 本办法由国务院银行业监督管理机构负责解释。

第五十四条 行业自律组织制定的反洗钱和反恐怖融资行业规则等应当向银行业监督管理机构报告。

第五十五条 本办法自公布之日起施行。

金融机构大额交易和可疑交易报告管理办法

(2018年7月25日中国人民银行第4次行长办公会议通过 2018年7月26日中国人民银行令〔2018〕第2号公布 自发布之日起施行)

第一章 总 则

第一条 为了规范金融机构大额交易和可疑交易报告行为，根据《中华人民共和国反洗钱法》、《中华人民共和国中国人民银行法》、《中华人民共和国反恐怖主义法》等有关法律法规，制定本办法。

第二条 本办法适用于在中华人民共和国境内依法设立的下列金融机构：

（一）政策性银行、商业银行、农村合作银行、农村信用社、村镇银行。

（二）证券公司、期货公司、基金管理公司。

（三）保险公司、保险资产管理公司、保险专业代理公司、保险经纪公司。

（四）信托公司、金融资产管理公司、企业集团财务公司、金融租赁公司、汽车金融公司、消费金融公司、货币经纪公司、贷款公司。

（五）中国人民银行确定并公布的应当履行反洗钱义务的从事金融业务的其他机构。

第三条 金融机构应当履行大额交易和可疑交易报告义务，向中国反洗钱监测分析中心报送大额交易和可疑交易报告，接受中国人民银行及其分支机构的监督、检查。

第四条 金融机构应当通过其总部或者总部指定的一个机构，按本办法规定的路径和方式提交大额交易和可疑交易报告。

第二章 大额交易报告

第五条 金融机构应当报告下列大额交易：

（一）当日单笔或者累计交易人民币 5 万元以上（含 5 万元）、外币等值 1 万美元以上（含 1 万美元）的现金缴存、现金支取、现金结售汇、现钞兑换、现金汇款、现金票据解付及其他形式的现金收支。

（二）非自然人客户银行账户与其他的银行账户发生当日单笔或者累计交易人民币 200 万元以上（含 200 万元）、外币等值 20 万美元以上（含 20 万美元）的款项划转。

（三）自然人客户银行账户与其他的银行账户发生当日单笔或者累计交易人民币 50 万元以上（含 50 万元）、外币等值 10 万美元以上（含 10 万美元）的境内款项划转。

（四）自然人客户银行账户与其他的银行账户发生当日单笔或者累计交易人民币 20 万元以上（含 20 万元）、外币等值 1 万美元以上（含 1 万美元）的跨境款项划转。

累计交易金额以客户为单位，按资金收入或者支出单边累计计算并报告。中国人民银行另有规定的除外。

中国人民银行根据需要可以调整本条第一款规定的大额交易报告标准。

第六条 对同时符合两项以上大额交易标准的交易，金融机构应当分别提交大额交易报告。

第七条 对符合下列条件之一的大额交易，如未发现交易或行为可疑的，金融机构可以不报告：

（一）定期存款到期后，不直接提取或者划转，而是本金或者本金加全部或者部分利息续存入在同一金融机构开立的同一户名下的另一账户。

活期存款的本金或者本金加全部或者部分利息转为在同一金融机构开立的同一户名下的另一账户内的定期存款。

定期存款的本金或者本金加全部或者部分利息转为在同一金融机构开立的同一户名下的另一账户内的活期存款。

（二）自然人实盘外汇买卖交易过程中不同外币币种间的转换。

（三）交易一方为各级党的机关、国家权力机关、行政机关、司法机关、军事机关、人民政协机关和人民解放军、武警部队，但不包含其下属的各类企事业单位。

（四）金融机构同业拆借、在银行间债券市场进行的债券交易。

（五）金融机构在黄金交易所进行的黄金交易。

（六）金融机构内部调拨资金。

（七）国际金融组织和外国政府贷款转贷业务项下的交易。

（八）国际金融组织和外国政府贷款项下的债务掉期交易。

（九）政策性银行、商业银行、农村合作银行、农村信用社、村镇银行办理的税收、错账冲正、利息支付。

（十）中国人民银行确定的其他情形。

第八条　金融机构应当在大额交易发生之日起 5 个工作日内以电子方式提交大额交易报告。

第九条　下列金融机构与客户进行金融交易并通过银行账户划转款项的，由银行机构按照本办法规定提交大额交易报告：

（一）证券公司、期货公司、基金管理公司。

（二）保险公司、保险资产管理公司、保险专业代理公司、保险经纪公司。

（三）信托公司、金融资产管理公司、企业集团财务公司、金融租赁公司、汽车金融公司、消费金融公司、货币经纪公司、贷款公司。

第十条　客户通过在境内金融机构开立的账户或者境内银行卡所发生的大额交易，由开立账户的金融机构或者发卡银行报告；客户通过境外银行卡所发生的大额交易，由收单机构报告；客户不通过账户或者银行卡发生的大额交易，由办理业务的金融机构报告。

第三章　可疑交易报告

第十一条　金融机构发现或者有合理理由怀疑客户、客户的资金或者其他资产、客户的交易或者试图进行的交易与洗钱、恐怖融资等犯罪活动相关的，不论所涉资金金额或者资产价值大小，应当提交可疑交易报告。

第十二条　金融机构应当制定本机构的交易监测标准，并对其有效性负责。交易监测标准包括并不限于客户的身份、行为，交易的资金来源、金额、频率、流向、性质等存在异常的情形，并应当参考以下因素：

（一）中国人民银行及其分支机构发布的反洗钱、反恐怖融资规定及指引、风险提示、洗钱类型分析报告和风险评估报告。

（二）公安机关、司法机关发布的犯罪形势分析、风险提示、犯罪类型报告和工作报告。

（三）本机构的资产规模、地域分布、业务特点、客户群体、交易特征、洗钱和恐怖融资风险评估结论。

（四）中国人民银行及其分支机构出具的反洗钱监管意见。

（五）中国人民银行要求关注的其他因素。

第十三条 金融机构应当定期对交易监测标准进行评估，并根据评估结果完善交易监测标准。如发生突发情况或者应当关注的情况的，金融机构应当及时评估和完善交易监测标准。

第十四条 金融机构应当对通过交易监测标准筛选出的交易进行人工分析、识别，并记录分析过程；不作为可疑交易报告的，应当记录分析排除的合理理由；确认为可疑交易的，应当在可疑交易报告理由中完整记录对客户身份特征、交易特征或行为特征的分析过程。

第十五条 金融机构应当在按本机构可疑交易报告内部操作规程确认为可疑交易后，及时以电子方式提交可疑交易报告，最迟不超过5个工作日。

第十六条 既属于大额交易又属于可疑交易的交易，金融机构应当分别提交大额交易报告和可疑交易报告。

第十七条 可疑交易符合下列情形之一的，金融机构应当在向中国反洗钱监测分析中心提交可疑交易报告的同时，以电子形式或书面形式向所在地中国人民银行或者其分支机构报告，并配合反洗钱调查：

（一）明显涉嫌洗钱、恐怖融资等犯罪活动的。

（二）严重危害国家安全或者影响社会稳定的。

（三）其他情节严重或者情况紧急的情形。

第十八条 金融机构应当对下列恐怖活动组织及恐怖活动人员名单开展实时监测，有合理理由怀疑客户或者其交易对手、资金或者其他资产与名单相关的，应当在立即向中国反洗钱监测分析中心提交可疑交易报告的同时，以电子形式或书面形式向所在地中国人民银行或者其分支机构报告，并按照相关主管部门的要求依法采取措施：

（一）中国政府发布的或者要求执行的恐怖活动组织及恐怖活动人员名单。

（二）联合国安理会决议中所列的恐怖活动组织及恐怖活动人员名单。

（三）中国人民银行要求关注的其他涉嫌恐怖活动的组织及人员名单。

恐怖活动组织及恐怖活动人员名单调整的，金融机构应当立即开展回溯性调查，并按前款规定提交可疑交易报告。

法律、行政法规、规章对上述名单的监控另有规定的，从其规定。

第四章　内部管理措施

第十九条　金融机构应当根据本办法制定大额交易和可疑交易报告内部管理制度和操作规程，对本机构的大额交易和可疑交易报告工作做出统一要求，并对分支机构、附属机构大额交易和可疑交易报告制度的执行情况进行监督管理。

金融机构应当将大额交易和可疑交易报告制度向中国人民银行或其总部所在地的中国人民银行分支机构报备。

第二十条　金融机构应当设立专职的反洗钱岗位，配备专职人员负责大额交易和可疑交易报告工作，并提供必要的资源保障和信息支持。

第二十一条　金融机构应当建立健全大额交易和可疑交易监测系统，以客户为基本单位开展资金交易的监测分析，全面、完整、准确地采集各业务系统的客户身份信息和交易信息，保障大额交易和可疑交易监测分析的数据需求。

第二十二条　金融机构应当按照完整准确、安全保密的原则，将大额交易和可疑交易报告、反映交易分析和内部处理情况的工作记录等资料自生成之日起至少保存5年。

保存的信息资料涉及正在被反洗钱调查的可疑交易活动，且反洗钱调查工作在前款规定的最低保存期届满时仍未结束的，金融机构应将其保存至反洗钱调查工作结束。

第二十三条　金融机构及其工作人员应当对依法履行大额交易和可疑交易报告义务获得的客户身份资料和交易信息，对依法监测、分析、报告可疑交易的有关情况予以保密，不得违反规定向任何单位和个人提供。

第五章　法律责任

第二十四条　金融机构违反本办法的，由中国人民银行或者其地市中心支行以上分支机构按照《中华人民共和国反洗钱法》第三十一条、第三十二条的规定予以处罚。

第六章 附 则

第二十五条 非银行支付机构、从事汇兑业务和基金销售业务的机构报告大额交易和可疑交易适用本办法。银行卡清算机构、资金清算中心等从事清算业务的机构应当按照中国人民银行有关规定开展交易监测分析、报告工作。

本办法所称非银行支付机构，是指根据《非金融机构支付服务管理办法》（中国人民银行令〔2010〕第2号发布）规定取得《支付业务许可证》的支付机构。

本办法所称资金清算中心，包括城市商业银行资金清算中心、农信银资金清算中心有限责任公司及中国人民银行确定的其他资金清算中心。

第二十六条 本办法所称非自然人，包括法人、其他组织和个体工商户。

第二十七条 金融机构应当按照本办法所附的大额交易和可疑交易报告要素要求（要素内容见附件），制作大额交易报告和可疑交易报告的电子文件。具体的报告格式和填报要求由中国人民银行另行规定。

第二十八条 中国反洗钱监测分析中心发现金融机构报送的大额交易报告或者可疑交易报告内容要素不全或者存在错误的，可以向提交报告的金融机构发出补正通知，金融机构应当在接到补正通知之日起5个工作日内补正。

第二十九条 本办法由中国人民银行负责解释。

第三十条 本办法自2017年7月1日起施行。中国人民银行2006年11月14日发布的《金融机构大额交易和可疑交易报告管理办法》（中国人民银行令〔2006〕第2号）和2007年6月11日发布的《金融机构报告涉嫌恐怖融资的可疑交易管理办法》（中国人民银行令〔2007〕第1号）同时废止。中国人民银行此前发布的大额交易和可疑交易报告的其他规定，与本办法不一致的，以本办法为准。

受益所有人信息管理办法

(2024年4月29日中国人民银行、国家市场监督管理总局令〔2024〕第3号公布 自2024年11月1日起施行)

第一条 为提高市场透明度，维护市场秩序、金融秩序，预防和遏制洗钱、恐怖主义融资活动，根据反洗钱和企业登记管理有关法律、行政法规，制定本办法。

第二条 下列主体（以下统称备案主体）应当根据本办法规定通过相关登记注册系统备案受益所有人信息：

（一）公司；

（二）合伙企业；

（三）外国公司分支机构；

（四）中国人民银行、国家市场监督管理总局规定的其他主体。

个体工商户无需备案受益所有人信息。

第三条 注册资本（出资额）不超过1000万元人民币（或者等值外币）且股东、合伙人全部为自然人的备案主体，如果不存在股东、合伙人以外的自然人对其实际控制或者从其获取收益，也不存在通过股权、合伙权益以外的方式对其实施控制或者从其获取收益的情形，承诺后免于备案受益所有人信息。

第四条 国家市场监督管理总局统筹指导相关登记注册系统建设，指导地方登记机关依法开展受益所有人信息备案工作，及时将归集的受益所有人信息推送至中国人民银行。县级以上地方市场监督管理部门督促备案主体及时备案受益所有人信息。

中国人民银行建立受益所有人信息管理系统，及时接收、保存、处理受益所有人信息。中国人民银行及其分支机构督促备案主体准确备案受益所有人信息。

第五条 中国人民银行及其分支机构为受益所有人信息备案工作提供指

导,市场监督管理部门予以配合。

第六条 符合下列条件之一的自然人为备案主体的受益所有人:

(一)通过直接方式或者间接方式最终拥有备案主体25%以上股权、股份或者合伙权益;

(二)虽未满足第一项标准,但最终享有备案主体25%以上收益权、表决权;

(三)虽未满足第一项标准,但单独或者联合对备案主体进行实际控制。

前款第三项所称实际控制包括但不限于通过协议约定、关系密切的人等方式实施控制,例如决定法定代表人、董事、监事、高级管理人员或者执行事务合伙人的任免,决定重大经营、管理决策的制定或者执行,决定财务收支,长期实际支配使用重要资产或者主要资金等。

不存在第一款规定三种情形的,应当将备案主体中负责日常经营管理的人员视为受益所有人进行备案。

第七条 国有独资公司、国有控股公司应当将法定代表人视为受益所有人进行备案。

第八条 外国公司分支机构的受益所有人为外国公司按照本办法第六条规定认定的受益所有人,以及该分支机构的高级管理人员。

外国公司在其本国享受的受益所有人申报豁免标准不适用于中国。

第九条 备案主体在设立登记时,应当通过相关登记注册系统备案受益所有人信息。

无法通过相关登记注册系统办理设立登记的,可以现场办理,并在设立登记之日起30日内,通过相关登记注册系统备案受益所有人信息。

第十条 备案主体受益所有人信息发生变化,或者不再符合本办法第三条规定的承诺免报条件的,应当自发生变化或者不符合承诺免报条件之日起30日内,通过相关登记注册系统备案受益所有人信息。

第十一条 备案主体备案受益所有人信息时,应当填报下列信息:

(一)姓名;

(二)性别;

(三)国籍;

(四)出生日期;

(五)经常居住地或者工作单位地址;

（六）联系方式；

（七）身份证件或者身份证明文件种类、号码、有效期限；

（八）受益所有权关系类型以及形成日期、终止日期（如有）。

存在本办法第六条第一款第一项规定情形的，还应当填报持有股权、股份或者合伙权益的比例；存在本办法第六条第一款第二项规定情形的，还应当填报收益权、表决权的比例；存在本办法第六条第一款第三项规定情形的，还应当填报实际控制的方式。

第十二条　国家有关机关为履行职责需要，可以依法向中国人民银行获取受益所有人信息。

金融机构、特定非金融机构履行反洗钱和反恐怖主义融资义务时，可以通过中国人民银行查询受益所有人信息。

国家有关机关以及金融机构、特定非金融机构对依法获得的受益所有人信息应当予以保密。

第十三条　国家有关机关以及金融机构、特定非金融机构发现受益所有人信息管理系统中的备案主体受益所有人信息存在错误、不一致或者不完整的，应当及时向中国人民银行反馈。中国人民银行可以根据情形依法采取措施进行核实，备案主体应当配合。

对市场透明度、金融透明度有显著影响的备案主体，中国人民银行等主管部门可以要求其补充提供确定受益所有人所需要的股权、合伙权益、收益权、表决权、控制关系等情况的材料。

第十四条　备案主体未按照规定办理受益所有人信息备案的，依照企业登记管理有关行政法规处理。

中国人民银行及其分支机构发现备案主体备案的受益所有人信息不准确的，应当责令备案主体限期改正；拒不改正的，处5万元以下的罚款。

第十五条　本办法所称受益所有人，是指最终拥有或者实际控制备案主体，或者享有备案主体最终收益的自然人。

第十六条　在本办法实施前已经登记注册的备案主体，应当于2025年11月1日前，按照本办法规定备案受益所有人信息。

第十七条　本办法自2024年11月1日起施行。

国务院办公厅关于完善反洗钱、反恐怖融资、反逃税监管体制机制的意见

(2017年8月29日　国办函〔2017〕84号)

反洗钱工作部际联席会议各成员单位：

反洗钱、反恐怖融资、反逃税（以下统称"三反"）监管体制机制是建设中国特色社会主义法治体系和现代金融监管体系的重要内容，是推进国家治理体系和治理能力现代化、维护经济社会安全稳定的重要保障，是参与全球治理、扩大金融业双向开放的重要手段。反洗钱法公布实施以来，我国"三反"监管体制机制建设取得重大进展，工作成效明显，与国际通行标准基本保持一致。同时也要看到，相关领域仍然存在一些突出矛盾和问题，主要是监管制度尚不健全、协调合作机制仍不顺畅、跨部门数据信息共享程度不高、履行反洗钱义务的机构（以下简称反洗钱义务机构）履职能力不足、国际参与度和话语权与我国国际地位不相称等。为深入持久推进"三反"监管体制机制建设，完善"三反"监管措施，经国务院同意，现提出如下意见。

一、总体要求

（一）指导思想。

全面贯彻党的十八大和十八届三中、四中、五中、六中全会精神，以邓小平理论、"三个代表"重要思想、科学发展观为指导，深入贯彻习近平总书记系列重要讲话精神和治国理政新理念新思想新战略，认真落实党中央、国务院决策部署，坚持总体国家安全观，遵循推进国家治理体系和治理能力现代化的要求，完善"三反"监管体制机制。

（二）基本原则。

坚持问题导向，发挥工作合力。进一步解放思想，从基本国情和实际工作需要出发，深入研究、有效解决"三反"监管体制机制存在的问题。反洗钱行政主管部门、税务机关、公安机关要切实履职，国务院银行业、证券、保险监督管理机构及其他相关单位要发挥工作积极性，形成"三反"合力。

探索建立以金融情报为纽带、以资金监测为手段、以数据信息共享为基础、符合国家治理需要的"三反"监管体制机制。

坚持防控为本，有效化解风险。开展全面科学的风险评估，根据风险水平和分布进一步优化监管资源配置，强化高风险领域监管。同时，不断优化风险评估机制和监测分析系统，健全风险预防体系，有效防控洗钱、恐怖融资和逃税风险。

坚持立足国情，为双向开放提供服务保障。根据国内洗钱、恐怖融资和逃税风险实际情况，逐步建立健全"三反"法律制度和监管规则。根据有关国际条约或者按照平等互利原则开展国际合作。忠实履行我国应当承担的国际义务，严格执行国际标准，加强跨境监管合作，切实维护我国金融机构合法权益，为金融业双向开放保驾护航。

坚持依法行政，充分发挥反洗钱义务机构主体作用。依法确定相关单位职责，确保各司其职，主动作为，严控风险。重视和发挥反洗钱义务机构在预防洗钱、恐怖融资和逃税方面的"第一道防线"作用。

（三）目标要求。

到2020年，初步形成适应社会主义市场经济要求、适合中国国情、符合国际标准的"三反"法律法规体系，建立职责清晰、权责对等、配合有力的"三反"监管协调合作机制，有效防控洗钱、恐怖融资和逃税风险。

二、健全工作机制

（四）加强统筹协调，完善组织机制。进一步完善反洗钱工作部际联席会议制度，统筹"三反"监管工作。以反洗钱工作部际联席会议为依托，强化部门间"三反"工作组织协调机制，制定整体战略、重要政策和措施，推动贯彻落实，指导"三反"领域国际合作，加强监管合作。

（五）研究设计洗钱和恐怖融资风险评估体系，建立反洗钱和反恐怖融资战略形成机制。积极发挥风险评估在发现问题、完善体制机制、配置资源方面的基础性作用，开展风险导向的反洗钱和反恐怖融资战略研究。建立国家层面的洗钱和恐怖融资风险评估指标体系和评估机制，成立由反洗钱行政主管部门、税务机关、公安机关、国家安全机关、司法机关以及国务院银行业、证券、保险监督管理机构和其他行政机关组成的洗钱和恐怖融资风险评估工作组，定期开展洗钱和恐怖融资风险评估工作。以风险评估发现的问题为导向，制定并定期更新反洗钱和反恐怖融资战略，确定反洗钱和反恐怖融资工作的阶段性目标、主要任务和重大举措，明确任务分工，加大高风险领域反洗钱监管力度。建立多层次评估结果运用机制，由相关单位和反洗钱义务机构根据评估结果有针对性地完善反洗钱和反恐怖融资工作，提升资源配置效率，提高风险防控有效性。

（六）强化线索移送和案件协查，优化打击犯罪合作机制。加强反洗钱行政主管部门、税务机关与监察机关、侦查机关、行政执法机关间的沟通协调，进一步完善可疑交易线索合作机制，加强情报会商和信息反馈机制，分析洗钱、恐怖融资和逃税的形势与趋势，不断优化反洗钱调查的策略、方法和技术。反洗钱行政主管部门要加强可疑交易线索移送和案件协查工作，相关单位要加强对线索使用查处情况的及时反馈，形成打击洗钱、恐怖融资和逃税的合力，维护金融秩序和社会稳定。

（七）加强监管协调，健全监管合作机制。在行业监管规则中嵌入反洗钱监管要求，构建涵盖事前、事中、事后的完整监管链条。充分发挥反洗钱工作部际联席会议作用，加强反洗钱行政主管部门和金融监管部门之间的协调，完善监管制度、政策和措施，开展联合监管行动，共享监管信息，协调跨境监管合作。

（八）依法使用政务数据，健全数据信息共享机制。以依法合规为前提、资源整合为目标，探索研究"三反"数据信息共享标准和统计指标体系，明确相关单位的数据提供责任和数据使用权限。稳步推进数据信息共享机制建设，既要严格依法行政，保护商业秘密和个人隐私，又要推进相关数据库建设，鼓励各方参与共享。建立相关单位间的电子化网络，为实现安全、高效的数据信息共享提供支撑。

（九）优化监管资源配置，研究完善监管资源保障机制。按照金融领域全覆盖、特定非金融行业高风险领域重点监管的目标，适时扩大反洗钱、反恐怖融资监管范围。优化监管资源配置与使用，统筹考虑"三反"监管资源保障问题，为"三反"监管提供充足人力物力。

三、完善法律制度

（十）推动研究完善相关刑事立法，修改惩治洗钱犯罪和恐怖融资犯罪相关规定。按照我国参加的国际公约和明确承诺执行的国际标准要求，研究扩大洗钱罪的上游犯罪范围，将上游犯罪本犯纳入洗钱罪的主体范围。对照国际公约要求，根据我国反恐实际需要，推动逐步完善有关恐怖融资犯罪的刑事立法，加强司法解释工作。研究建立相关司法工作激励机制，提升反洗钱工作追偿效果。

（十一）明确执行联合国安理会反恐怖融资相关决议的程序。建立定向金融制裁名单的认定发布制度，明确相关单位在名单提交、审议、发布、监督执行、除名等方面的职责分工。完善和细化各行政主管部门、金融监管部门和反洗钱义务机构执行联合国安理会反恐怖融资决议要求的程序规定和监管措施，进一步明确资产冻结时效、范围、程序、善意第三人保护及相关法律责任，保证联合国安理会相关决议执行时效。

（十二）加强特定非金融机构风险监测，探索建立特定非金融机构反洗钱和反恐怖融资监管制度。加强反洗钱行政主管部门、税务机关与特定非金融行业主管部门间的协调配合，密切关注非金融领域的洗钱、恐怖融资和逃税风险变化情况，对高风险行业开展风险评估，研究分析行业洗钱、恐怖融资和逃税风险分布及发展趋势，提出"三反"监管政策建议。对于反洗钱国际标准明确提出要求的房地产中介、贵金属和珠宝玉石销售、公司服务等行业及其他存在较高风险的特定非金融行业，逐步建立反洗钱和反恐怖融资监管制度。按照"一业一策"原则，由反洗钱行政主管部门会同特定非金融行业主管部门发布特定行业的反洗钱和反恐怖融资监管制度，根据行业监管现状、被监管机构经营特点等确定行业反洗钱和反恐怖融资监管模式。积极发挥行业协会和自律组织的作用，指导行业协会制定本行业反洗钱和反恐怖融资工作指引。

（十三）加强监管政策配套，健全风险防控制度。研究建立各监管部门对新成立反洗钱义务机构、非营利组织及其董事、监事和高级管理人员的反洗钱背景审查制度，严格审核发起人、股东、实际控制人、最终受益人和董事、监事、高级管理人员背景，审查资金来源和渠道，从源头上防止不法分子通过创设组织机构进行洗钱、恐怖融资和逃税活动。研究各类无记名可转让有价证券的洗钱风险以及需纳入监管的重点，研究无记名可转让有价证券价值甄别和真伪核验技术，明确反洗钱行政主管部门与海关监管分工，推动对跨境携带无记名可转让有价证券的监管及通报制度尽快出台。制定海关向反洗钱行政主管部门、公安机关、国家安全机关通报跨境携带现金信息的具体程序，完善跨境异常资金监测制度。

四、健全预防措施

（十四）建立健全防控风险为本的监管机制，引导反洗钱义务机构有效化解风险。以有效防控风险为目标，持续优化反洗钱监管政策框架，合理确定反洗钱监管风险容忍度，建立健全监管政策传导机制，督促、引导、激励反洗钱义务机构积极主动加强洗钱和恐怖融资风险管理，充分发挥其在预防洗钱、恐怖融资和逃税方面的"第一道防线"作用。综合运用反洗钱监管政策工具，推行分类监管，完善风险预警和应急处置机制，切实强化对高风险市场、高风险业务和高风险机构的反洗钱监管。

（十五）强化法人监管措施，提升监管工作效率。反洗钱行政主管部门和国务院银行业、证券、保险监督管理机构要加强反洗钱监管，以促进反洗钱义务机构自我管理、自主管理风险为目标，逐步建立健全法人监管框架。围绕法人机构和分支机构、集团公司和子公司在风险管理中的不同定位和功能，对反洗钱监管政策适度分层分类。加强反洗钱义务机构总部内控机制要求，强化董事、监事和高级管理人员责任，督促反洗钱义务机构提高履行反洗钱义务的执行力。探索建立与法人监管相适应的监管分工合作机制，搭建满足法人监管需要的技术平台，逐步实现反洗钱监管信息跨区域共享。在严格遵守保密规定的前提下，研究建立反洗钱义务机构之间的反洗钱工作信息交流平台和交流机制。

（十六）健全监测分析体系，提升监测分析水平。不断拓宽反洗钱监测分析数据信息来源，依法推动数据信息在相关单位间的双向流动和共享。强化反洗钱监测分析工作的组织协调，有针对性地做好对重点领域、重点地区、重点人群的监测分析工作。不断延伸反洗钱监管触角，将相关单位关于可疑交易报告信息使用情况的反馈信息和评价意见，作为反洗钱行政主管部门开展反洗钱义务机构可疑交易报告评价工作的重要依据。丰富非现场监管政策工具，弥补书面审查工作的不足。发挥会计师事务所、律师事务所等专业服务机构在反洗钱监测预警和依法处置中的积极作用，研究专业服务机构有关反洗钱的制度措施。

（十七）鼓励创新和坚守底线并重，妥善应对伴随新业务和新业态出现的风险。建立健全反洗钱义务机构洗钱和恐怖融资风险自评估制度，对新产品、新业务、新技术、新渠道产生的洗钱和恐怖融资风险自主进行持续识别和评估，动态监测市场风险变化，完善有关反洗钱监管要求。强化反洗钱义务机构自主管理风险的责任，反洗钱义务机构推出新产品、新业务前，须开展洗钱和恐怖融资风险自评估，并按照风险评估结果采取有效的风险防控措施。

鼓励反洗钱义务机构利用大数据、云计算等新技术提升反洗钱和反恐怖融资工作有效性。

（十八）完善跨境异常资金监控机制，预防打击跨境金融犯罪活动。以加强异常交易监测为切入点，综合运用外汇交易监测、跨境人民币交易监测和反洗钱资金交易监测等信息，及时发现跨境洗钱和恐怖融资风险。遵循反洗钱国际标准有关支付清算透明度的要求，指导金融机构加强风险管理，增强跨境人民币清算体系的"三反"监测预警功能，维护人民币支付清算体系的良好声誉，降低金融机构跨境业务风险。

（十九）建立健全培训教育机制，培养建设专业人才队伍。建立全面覆盖各类反洗钱义务机构的反洗钱培训教育机制，提升相关人员反洗钱工作水平。积极鼓励创新反洗钱培训教育形式，充分利用现代科技手段扩大受众范围，加大对基层人员的教育培训力度。

五、严惩违法犯罪活动

（二十）有效整合稽查资源，严厉打击涉税违法犯罪。建立健全随机抽查制度和案源管理制度，增强稽查质效。推行风险管理导向下的定向稽查模式，增强稽查的精准性和震慑力。防范和打击税基侵蚀及利润转移。在全国范围内开展跨部门、跨区域专项打击行动，联合查处一批骗取出口退税和虚开增值税专用发票重大案件，摧毁一批职业化犯罪团伙和网络，严惩一批违法犯罪企业和人员，挽回国家税款损失，有效遏制骗取出口退税和虚开增值税专用发票违法犯罪活动高发多发势头，维护国家税收秩序和税收安全。

（二十一）建立打击关税违法犯罪活动合作机制。加强反洗钱行政主管部门与海关缉私部门的协作配合，合力打击偷逃关税违法犯罪活动。反洗钱行政主管部门要与海关缉私部门联合开展有关偷逃关税非法资金流动特征模型的研究，提升对偷逃关税违法犯罪资金线索的监测分析能力，及时向海关缉私部门通报；会同国务院银行业监督管理机构积极协助海关缉私部门打击偷逃关税违法犯罪活动资金交易，扩大打击偷逃关税违法犯罪活动成果，形成打击合力。海关缉私部门要及时将工作中发现的洗钱活动线索通报反洗钱行政主管部门及相关有权机关，积极协助反洗钱行政主管部门及相关有权机关开展工作。

（二十二）加大反洗钱调查工作力度，建立健全洗钱类型分析工作机制。进一步规范反洗钱调查工作程序，完善反洗钱调查流程，优化调查手段，加强可疑交易线索分析研判,加强反洗钱调查和线索移送,积极配合有权机关的协查请求,不断增强反洗钱调查工作实效。加强洗钱类型分析和风险提示,指导反洗钱义务机构开展洗钱类型分析,及时向反洗钱义务机构发布洗钱风险提示,督促反洗钱义务机构加强风险预警。

六、深化国际合作

(二十三)做好反洗钱和反恐怖融资互评估,树立良好国际形象。切实履行成员义务,积极做好金融行动特别工作组(FATF)反洗钱和反恐怖融资互评估。将国际组织评估作为完善和改进反洗钱工作的重要契机,组织动员相关单位和反洗钱义务机构,严格对照反洗钱国际标准,结合我国实际情况,切实提高反洗钱工作合规性和有效性。

(二十四)深化反洗钱国际合作,促进我国总体战略部署顺利实施。进一步深入参与反洗钱国际标准研究、制定和监督执行,积极参与反洗钱国际(区域)组织内部治理改革和重大决策,提升我国在反洗钱国际(区域)组织中的话语权和影响力。继续加强反洗钱双边交流与合作,推进中美反洗钱和反恐怖融资监管合作。建立与部分重点国家(地区)的反洗钱监管合作机制,督促指导中资金融机构及其海外分支机构提升反洗钱工作意识和水平,维护其合法权益。配合"一带一路"倡议,做好与周边国家(地区)的反洗钱交流与合作。加强沟通协调,稳步推进加入埃格蒙特集团相关工作。利用国际金融情报交流平台,拓展反洗钱情报渠道。

(二十五)深化反逃税国际合作,维护我国税收权益。深度参与二十国集团税制改革成果转化,积极参与国际税收规则制定,积极发出中国声音,提出中国方案,贡献中国智慧,切实提升中国税务话语权。加强双多边税收合作,充分发挥国际税收信息交换的作用,提高税收透明度,严厉打击国际逃避税,充分发挥反逃避税对反洗钱的积极作用,同时运用好反洗钱机制,不断提高反逃避税的精准度。

七、创造良好社会氛围

(二十六)加强自律管理,充分发挥自律组织积极作用。各主管部门要指导相关行业协会积极参与"三反"工作,制定反洗钱自律规则和工作指引,加强自律管理,强化反洗钱义务机构守法、诚信、自律意识,推动反洗钱义务机构积极参与和配合"三反"工作,促进反洗钱义务机构之间交流信息和经验,营造积极健康的反洗钱合规环境。

（二十七）持续开展宣传教育，提升社会公众参与配合意识。建立常态化的"三反"宣传教育机制，向社会公众普及"三反"基本常识，提示风险，提高社会公众自我保护能力。采取灵活多样的形式开展宣传教育，提升社会公众"三反"意识，增强其主动配合"三反"工作的意愿，为开展"三反"工作营造良好氛围。

（本文有删减）

中国人民银行办公厅关于加强特定非金融机构反洗钱监管工作的通知

(2018年7月13日　银办发〔2018〕120号)

为预防洗钱和恐怖融资活动，遏制洗钱犯罪和相关犯罪，加强特定非金融机构反洗钱和反恐怖融资工作，根据《中华人民共和国反洗钱法》、《中华人民共和国中国人民银行法》、《中华人民共和国反恐怖主义法》，现就有关事项通知如下：

一、根据《中华人民共和国反洗钱法》第三十五条、第三十六条规定，下列机构在开展以下各项业务时属于《中华人民共和国反洗钱法》、《中华人民共和国反恐怖主义法》规定的特定非金融机构，应当履行反洗钱和反恐怖融资义务。具体包括：

(一) 房地产开发企业、房地产中介机构销售房屋、为不动产买卖提供服务。

(二) 贵金属交易商、贵金属交易场所从事贵金属现货交易或为贵金属现货交易提供服务。

(三) 会计师事务所、律师事务所、公证机构接受客户委托为客户办理或准备办理以下业务，包括：买卖不动产、代管资金、证券或其他资产，代管银行账户、证券账户，为成立、运营企业筹集资金，以及代客户买卖经营性实体业务。

(四) 公司服务提供商为客户提供或准备提供以下服务，包括：为公司的设立、经营、管理等提供专业服务，担任或安排他人担任公司董事、合伙人或持有公司股票，为公司提供注册地址、办公地址或通讯地址等。

二、特定非金融机构应当严格执行《中国人民银行关于加强贵金属交易场所反洗钱和反恐怖融资工作的通知》(银发〔2017〕218号)、《住房城乡建设部 人民银行 银监会关于规范购房融资和加强反洗钱工作的通知》(建房〔2017〕215号)、《财政部关于加强注册会计师行业监管有关事项的通知》

（财会〔2018〕8号）等相关文件要求（见附件），认真履行反洗钱和反恐怖融资义务。

三、特定非金融机构应当遵守法律法规等规章制度，开展反洗钱和反恐怖融资工作。如有对特定非金融机构开展反洗钱和反恐怖融资工作更为具体或者严格的规范性文件，特定非金融机构应从其规定；如没有更为具体或者严格规定的，特定非金融机构应参照适用金融机构的反洗钱和反恐怖融资规定执行。

四、对于未按照有关规定开展反洗钱和反恐怖融资工作的特定非金融机构，中国人民银行及其分支机构或特定非金融机构的行业主管部门应依法对其采取监管措施或实施行政处罚。有关法律法规有处罚规定的，依照规定给予处罚；有关法律法规未作处罚规定的，由中国人民银行及其分支机构按照《中华人民共和国中国人民银行法》第四十六条进行处罚。

请中国人民银行上海总部、各分行、营业管理部、省会（首府）城市中心支行、副省级城市中心支行将本通知转发至辖区内相关特定非金融机构。

本通知自印发之日起执行。

图书在版编目（CIP）数据

中华人民共和国反洗钱法新旧条文对照与适用精解：条文对照、逐条解读、关联指引 / 朱晓峰编著. -- 北京：中国法治出版社，2025.3. -- ISBN 978-7-5216-5056-3

Ⅰ．D922.281.5

中国国家版本馆 CIP 数据核字第 202522P76E 号

策划编辑：王 熹　　　责任编辑：白天园　　　封面设计：赵 博

中华人民共和国反洗钱法新旧条文对照与适用精解：条文对照、逐条解读、关联指引
ZHONGHUA RENMIN GONGHEGUO FANXIQIANFA XINJIU TIAOWEN DUIZHAO YU SHIYONG JINGJIE：TIAOWEN DUIZHAO、ZHUTIAO JIEDU、GUANLIAN ZHIYIN

编著/朱晓峰
经销/新华书店
印刷/三河市国英印务有限公司
开本/710 毫米×1000 毫米　16 开　　　　印张/ 7.5　字数/ 99 千
版次/2025 年 3 月第 1 版　　　　　　　　2025 年 3 月第 1 次印刷

中国法治出版社出版
书号 ISBN 978-7-5216-5056-3　　　　　　　定价：32.00 元
北京市西城区西便门西里甲 16 号西便门办公区
邮政编码：100053　　　　　　　　　　　　传真：010-63141600
网址：http：//www.zgfzs.com　　　　　　　编辑部电话：010-63141792
市场营销部电话：010-63141612　　　　　　印务部电话：010-63141606

（如有印装质量问题，请与本社印务部联系。）